시츄에이션
일본어 회화

하치노 토모카 지음

머리말

여러분, 일본인은 어떤 상황(シチュエーション, 状況)에서 어떤 대화를 나눌까요?

여러분들 중에는 어느 정도 문법은 공부했는데 '일본인이 하는 일본어를 잘 알아들을 수 없다!' '기본적인 단어는 아는데 쉬운 내용도 말하지 못한다!' 라고 느끼는 분이 있을 것입니다.

일본어를 배우고 있는 한 한국인 학생이 이런 에피소드에 대해 말한 적이 있습니다. 그 학생이 일본어를 조금 공부하고 처음으로 일본여행을 갔을 때의 일입니다.

비행기에 탔습니다. 스튜어디스가 'お飲み物は何になさいますか。(음료는 무엇으로 하시겠습니까?)' 라고 물었습니다. 그 학생은 맥주를 먹고 싶었답니다. 맥주가 일본어로「ビール」라고 한다는 것은 알고 있었습니다. 다행이지요. 그래서 스튜어디스에게 말했습니다.

학생	ビルください。
스튜어디스	え？
학생	ビル。

자, 스튜어디스는 맥주를 가져왔을까요?

아니요, 스튜어디스는 물(水 : みず)을 가지고 왔습니다. 여러분, 무엇이 문제일까요?

ビール(맥주) ≠ ビル(빌딩)

그렇습니다. 한국인 학생이 일본어를 발음할 때 어렵다고 느끼는 것에 '長音(ちょうおん,장음)'이 있습니다. "ビール"의 장음이 빠진 "ビル"는 "빌딩"이란 뜻이 됩니다. 스튜어디스는 "ビル"와 같은 2개의 음을 가진 "みず"로 알아듣고 물을 가지고 온 것입니다.

발음도 중요하지만 또 한 가지, 회화에서 중요한 것이 있습니다.

여러분 최근 신세대들이 쓰는 말(若者言葉、わかものことば) 중에 「KY(ケーワイ)」라는 말을 아시나요?

> KY(ケーワイ)：K＝空気　Y＝読めない
> 분위기 파악 못하다, 눈치 없다

그 자리의 분위기나 상황을 파악하는(느끼는, 깨닫는) 것을 「空気(くうき)を読(よ)む(분위기를 파악하다)」라고 말을 하는데 KY는 「K＝空気(くうき)が(분위기를), Y＝読(よ)めない(파악 못한다)」라는 의미입니다.

이처럼 실제 회화에서는 그곳이 직장인지 또는 가정인지에 따라서도 달라지고 대화 상대가 친구인지 상사인지, 장소가 슈퍼인지 고급 호텔인지 등 다양한 상황에 따라 조금씩 달라집니다.

그리고 회화를 할 때 중요한 포인트는 회화 커뮤니케이션에 필요한 배려나 표현들입니다. "시츄에이션 일본어 회화"에서는 일본인이 자주 사용하는 일상회화를 배우고, 그 회화에 나오는 표현들이 실제 회화에서는 어떤 상황에서 어떻게 사용이 되고 있는지를 일본 TV드라마의 대사를 통해서 확인하도록 구성했습니다.

이 책은 일상회화 제시→TV드라마 대사→중요 표현 설명→연습을 통해서 일본인이 대화를 할 때 쓰는 구어체 특유의 표현 방법, 決まり文句(きまりもんく: 상투적인 말, 자주 등장하는 말)에 대해 상황 별로 학습합니다.

※ 이 책의 구성과 특성

각 과마다 3~4개의 시츄에이션을 제시합니다.

※ かいわ(회화)

그 과에서 배우는 표현이 담긴 간단한 대화입니다.

✱ ドラマ(드라마)

그 과에서 배우는 표현을 드라마 대사에서 확인합니다.

✱ ポイント・チェック(포인트 체크)

회화에 나온 중요한 내용을 표현 별로 정리하였습니다.

✱ これ、知ってる？(이거 알고 있나요?)

그 과에서 배우는 시츄에이션에서 필요한 기초 지식을 확인합니다.

✱ こんなとき、どう言う？(이럴 때 어떻게 말할까요?)

그 과에서 배우는 시츄에이션 회화과 또 다른 표현을 확인합니다.

✱ 쉬어가기 1

일본의 속담(ことわざ)과 관용구(慣用句, かんようく)가 회화에서 어떻게 쓰이는지 실제 대화 내용을 소개합니다.

✱ 쉬어가기2

일본의 방언에 대해서 알아봅니다. 방언을 일본어로는 方言(ほうげん,방언)이라고 하는데 특히 자주 쓰이는 방언이 大阪(おおさか)를 중심으로 한 関西(かんさい) 지방의 大阪弁(おおさかべん、오사카 방언,) 京都弁(きょうとべん、교토 방언) 등의 関西方言(かんさいほうげん)입니다. 표준어와 아주 다르면서 자주 사용하는 간단한 関西方言(かんさいほうげん)을 소개합니다.

차 례

문자와 발음 ··· 7

제1과　出会い(であい) | 만남 ··· 15

제2과　食事(しょくじ) | 식사 ··· 43

제3과　外食(がいしょく) | 외식 ··· 67

제4과　待ち合わせ(まちあわせ) | 약속 ·· 89

제5과　買い物(かいもの) | 쇼핑 ··· 113

제6과　家庭生活(かていせいかつ) | 가정생활 ·· 137

제7과　病気(びょうき) | 병 ··· 163

제8과　遊びに行く(あそびにいく) | 놀러가다 ·· 193

제9과　電話(でんわ) | 전화 ··· 225

제10과　恋愛話(れんあいばなし) | 연애담 ·· 247

제11과　仕事(しごと) | 일 ··· 267

연습문제 해답 ·· 293

문자와 발음

학습내용
일본의 문자와 발음을 습득한다.

학습목표
- ひらがな, カタカナ를 읽고 쓸 수 있게 한다.
- 일본의 발음, 특히 특수음(장음, 촉음, 발음)을 습득 한다.

 시츄에이션 일본어 회화

- 일본어 문자는 히라가나(ひらがな), 가타카나(カタカナ), 한자(漢字)의 세 종류가 있으며, 혼용해서 쓴다.

  예 キムさんは、韓国人です。　　　　　（김씨는 한국 사람입니다.）

- 일본어의 문자는 한 음절을 나타내며, 한 박자로 발음한다.
- 일본어 발음에는 청음(清音), 탁음(濁音), 반탁음(半濁音), 요음(拗音), 그리고 특수음 장음(長音), 촉음(促音), 발음(撥音)이 있다.

1 청음(清音)

- 현재 ひらがな는 46개 글자로 이루어져 있으며, カタカナ도 ひらがな의 발음과 순서와 같다.
- あ행의 あ、い、う、え、お를 母音(ぼいん、모음)이라고 한다.

* **ひらがな** | 히라가나

	あ행	か행	さ행	た행	な행	は행	ま행	や행	ら행	わ행	
あ단	あ a	か ka	さ sa	た ta	な na	は ha	ま ma	や ya	ら ra	わ wa	
い단	い i	き ki	し shi	ち chi	に ni	ひ hi	み mi		り ri		
う단	う u	く ku	す su	つ tsu	ぬ nu	ふ hu	む mu	ゆ yu	る ru		
え단	え e	け ke	せ se	て te	ね ne	へ he	め me		れ re		
お단	お o	こ ko	そ so	と to	の no	ほ ho	も mo	よ yo	ろ ro	を wo	ん N

✻ カタカナ | 가타카나

	ア행	カ행	サ행	タ행	ナ행	ハ행	マ행	ヤ행	ラ행	ワ행
ア단	ア a	カ ka	サ sa	タ ta	ナ na	ハ ha	マ ma	ヤ ya	ラ ra	ワ wa
イ단	イ i	キ ki	シ shi	チ chi	ニ ni	ヒ hi	ミ mi		リ ri	
ウ단	ウ u	ク ku	ス su	ツ tsu	ヌ nu	フ hu	ム mu	ユ yu	ル ru	
エ단	エ e	ケ ke	セ se	テ te	ネ ne	ヘ he	メ me		レ re	
オ단	オ o	コ ko	ソ so	ト to	ノ no	ホ ho	モ mo	ヨ yo	ロ ro	ヲ wo	ン N

2 탁음, 반탁음

- 탁음(˝)은 が, ざ, だ, ば행이 있고, 반탁음(˚)은 ぱ행 하나뿐이다.

が행

が	ぎ	ぐ	げ	ご
ガ	ギ	グ	ゲ	ゴ
ga	gi	gu	ge	go

ざ행

ざ	じ	ず	ぜ	ぞ
ザ	ジ	ズ	ゼ	ゾ
za	ji	zu	ze	zo

だ행

だ	ぢ	づ	で	ど
ダ	ヂ	ヅ	デ	ド
da	ji	zu	de	도

ば행

ば	び	ぶ	べ	ぼ
バ	ビ	ブ	ベ	ボ
ba	bi	bu	be	bo

시츄에이션 일본어 회화

ぱ행	ぱ	ぴ	ぷ	ぺ	ぽ
	パ	ピ	プ	ペ	ポ
	pa	pi	pu	pe	po

* 'じ, ジ'와 'ぢ, ヂ', 'ず, ズ'와 'づ, ヅ'는 똑같이 발음을 한다.

* 다음 단어의 발음을 비교해 보세요.
    きん(金,금)   —   ぎん(銀,은)
    けが(怪我, 상처)   —   げか(外科,외과)
    ごじ(5時,5시)   —   こし(腰,허리)
    コピー(복사)   —   コーヒー(커피)

3 요음

- い단 글자 "き、し、ち、に、ひ、み、り" "ぎ、じ、び、ぴ"에 "や、ゆ、よ"를 작게 써서 표기하고, 발음할 때는 한 박자로 발음을 한다.

き	きゃ	きゅ	きょ
	キャ	キュ	キョ
	kya	kyu	kyo

し	しゃ	しゅ	しょ
	シャ	シュ	ショ
	sha	shu	sho

ち	ちゃ	ちゅ	ちょ
	チャ	チュ	チョ
	cha	chu	cho

に	にゃ	にゅ	にょ
	ニャ	ニュ	ニョ
	nya	nyu	nyo

문자와 발음

ひ			
	ひゃ	ひゅ	ひょ
	ヒャ	ヒュ	ヒョ
	hya	hyu	hyo

み			
	みゃ	みゅ	みょ
	ミャ	ミュ	ミョ
	mya	my	myo

り			
	りゃ	りゅ	りょ
	リャ	リュ	リョ
	rya	ryu	ryo

ぎ			
	ぎゃ	ぎゅ	ぎょ
	ギャ	ギュ	ギョ
	gya	gyu	gyo

じ			
	じゃ	じゅ	じょ
	ジャ	ジュ	ジョ
	zya	zyu	zyo

ぢ			
	ぢゃ	ぢゅ	ぢょ
	ヂャ	ヂュ	ヂョ
	zya	zyu	zyo

び			
	びゃ	びゅ	びょ
	ビャ	ビュ	ビョ
	bya	byu	byo

ぴ			
	ぴゃ	ぴゅ	ぴょ
	ピャ	ピュ	ピョ
	pya	pyu	pyo

＊ "じゃ,ジャ" 와 "ぢゃ,ヂャ", "じゅ,ジュ" 와 "ぢゅ,ヂュ"는 똑같이 발음을 한다.

 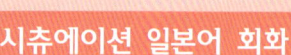

* 다음 단어의 발음을 비교해 보세요.

じゅぎょう(授業, 수업)　 －　 じぎょう(事業, 사업)

びょういん(病院, 병원)　 －　 びょういん(美容院, 미용실)

4 장음

● 모음이 중복될 때 앞 글자의 소리를 길게 발음한다. カタカナ의 장음은 "ー"로 표기한다.

あ단	い단	う단	え단		お단	
おかあさん	おにいさん	くうき	おねえさん	えいが	とおる	おとうさん
[ka a]	[ni i]	[ku u]	[ne e]	[e i]	[to o]	[to u]

* 다음 단어의 발음을 비교해 보세요.

おばあさん(할머니) 　ー　 おばさん(아주머니)

おじいさん(할아버지)　ー　 おじさん(아저씨)

☞ 「おばさん(아줌마)」, 「おじさん(아저씨)」을 부를 때 「おばあさん(할머니)」「おじいさん(할아버지)」하고 부르면 안 됩니다. 장음 하나로 일본어는 단어가 바뀐다는 것을 명심!

おかあさん (어머니) 　ー　 おかさん (오카 씨)

じょうし (上司, 상사) 　ー　 じょし (助士, 조수)

カード (카드) 　ー　 かど (角)

チーズ (치즈) 　ー　 ちず (地図, 지도)

ビール (맥주) 　ー　 ビル (빌딩)

スキー (스키) 　ー　 すき (好き, 좋아하다)

コーヒー (커피) 　ー　 こい (恋, 연애)

5 촉음

- 「っ」를 작게 써서 표기한다. 글자는 작게 쓰지만 박자는 한 박자를 가진다.

  예 きて（来て, 와서）-2박자   きって（切手, 우표）-3박자

いっしょ(一緒, 같이)	ちょっと(조금)
じゅっぷん(十分, 십분)	にっぽん(일본)
チケット(티켓)	インターネット(인터넷)

* 다음 단어의 발음을 비교해 보세요.

おと(音, 소리) — おっと(夫, 남편)
さか(坂, 내리막/오르막길) — サッカー(축구)
ぶか(部下, 부하) — ぶっか(物価, 물가)

6 발음

- 「ん」로 표기하고 한 박자를 가진다.

でんわ(電話, 전화)	もんだい(問題, 문제)
かんこく(韓国, 한국)	べんきょう(勉強, 공부)
しんぶん(新聞, 신문)	たんじょうび(誕生日, 생일)

* 다음 단어의 발음을 비교해 보세요.

かば(하마) — かばん(가방)
かぶ(株, 주식) — かんぶん(漢文, 한문)
きぎょう(企業, 기업) — きんぎょ(金魚, 금붕어)

시츄에이션 일본어 회화

 발음 연습

2 박자	3 박자	4 박자
くき(줄기)	くうき(공기)	クッキー(쿠키)
かこ(과거)	かっこ(괄호)	がっこう(학교)
ろか(여과)	ろっか(6과)	ロッカー(사물함)

제1과

出会(であ)い | 만남

학습내용
シチュエーション 1 あいさつ | 인사
シチュエーション 2 初対面 | 첫만남
シチュエーション 3 帰るとき | 돌아갈 때

학습목표
- 사람과 만났을 때의 인사나, 첫만남에서의인사, 돌아갈 때의 인사에 대해서, 그 자리에 맞는 적절한 화제를 선택하는 힘과 상대와 상황에 맞는 표현을 구분할 수 있는 능력을 기른다.
- 일본인의 발음과 억양, 표정, 표현 등을 익힌다.

 시츄에이션 일본어 회화

シチュエーション 1　　あいさつ | 인사

시츄에이션 1은 인사입니다. 일본어 인사는 시간에 따라, 사람에 따라 장소에 따라 달라집니다. 아침에 하는 인사는 「おはようございます。」, 점심 때는 「こんにちは。」, 저녁에는 「こんばんわ。」 라고 인사합니다.

다음은 이웃과 아침 인사를 나누는 장면입니다.

 회화 1

A　おはようございます。
　　안녕하세요.

B　おはようございます。
　　안녕하세요.

A　お早いんですね。
　　빨리 오셨네요.

B　ええ、仕事(しごと)が いそがしくて。
　　네, 일이 바빠서요.

A　そうですか。いってらっしゃい。
　　그러시군요. 다녀오세요.

B　はい。いってきます。
　　네, 다녀오겠습니다.

제1과 **出会い** | 만남

다음은 오랜만에 만난 사람과 인사를 나누는 장면입니다.

A　こんにちは。
　　안녕하세요.

B　あ、こんにちは。
　　아, 안녕하세요.

A　おひさしぶりですね。おげんきでしたか。
　　오랜만이네요. 잘 지내셨어요?

B　はい、おかげさまで。
　　네, 덕분에요.

아침 인사

「귀가일기」 1회 13:52～03:44

(유치원 버스 앞에서)

おおさわ先生　おはよう ございます。
　　　　　　　　안녕하세요.

みんな　おはよう ございます。
　　　　　안녕하세요.

まどかママ　おはよう ございます。
　　　　　　　안녕하세요.

おおさわ先生　おはよう ございます。
　　　　　　　　안녕하세요.

まどかママ　はじめまして。まどかの母です。よろしく お願いします。
　　　　　　　처음 뵙겠습니다. 마도카 엄마입니다. 잘 부탁 드립니다.

おおさわ先生　おおさわです。こちらこそ よろしくお願いします。
　　　　　　　　오사와입니다. 저야말로 잘 부탁 드립니다.

まどかママ　やまざきです。よろしくお願いします。
　　　　　　　야마자키입니다. 잘 부탁 드립니다.

みんな　よろしくお願いします。
　　　　　잘 부탁 드립니다.

 시츄에이션 일본어 회화

 아침 인사(직장에서)

「굿잡」1회 14:20～14:38

男 おはようございます。
안녕하세요.

そうじふ おはようございます。
안녕하세요.

女 おはようございます。
안녕하세요.

男 おはよう。
안녕하세요.

女 朝 早いんですね。
일찍 오셨네요.

男 そっちこそ。
그쪽이야 말로.

제1과 **出会い** | 만남

| **シチュエーション 2** | **初対面** | 첫만남 |

시츄에이션 2는 처음 만나는 상황입니다. 사람을 처음 만날 때 어떤 대화를 나눌까요?

사람을 소개할 때는 어떤 표현을 쓸까요?

회화 3

| 학부모 | はじめまして。たなかと 申します。よろしくお願いします。
처음 뵙겠습니다. 다나카라고 합니다. 잘 부탁드립니다.

| 선생님 | 木村です。こちらこそ よろしくお願いします。
転入(てんにゅう)してくる お子さんが いるって聞いてました。
기무라입니다. 저야말로 잘 부탁합니다. 새로 오는 아이가 있다고 들었어요.

| 학부모 | これから むすめが お世話(せわ)に なります。
앞으로 저희 딸 잘 부탁합니다.

시츄에이션 일본어 회화

다음은 첫 만남에서 명함을 교환하는 장면입니다.

회화 4

キム はじめまして。わたくし、A大学(だいがく)の キムと 申(もう)します。
처음 뵙겠습니다. 저는 A대학 김이라고 합니다.

たなか B大学の 田中(たなか)です。
B대학 다나카입니다.

(명함교환)

キム よろしく おねがいします。
잘 부탁드립니다.

たなか こちらこそ、よろしく おねがいします。
저야말로 잘 부탁드립니다.

그럼 제3자를 소개할 때는 뭐라고 할까요?

회화 5

きむら すずきさん、こちら、東京(とうきょう)で お世話(せわ)になった やまざきさんです。
스즈키 씨, 이분은 도쿄에서 절 많이 도와주신 야마자키 씨입니다.

やまざき はじめまして。やまざきです。
처음 뵙겠습니다. 야마자키입니다.

すずき すずきです。私も 東京に 住(す)んでたことが あるんですよ。
스즈키입니다. 저도 도쿄에서 살았었어요.

やまざき そうですか。
그래요?

제1과 **出会(であ)い** | 만남

夫(おっと)	すずきさん、うちのつまです。 스즈키 씨, 제 아내입니다.
妻(つま)	こんにちは。いつも主人(しゅじん)が おせわになっております。 안녕하세요. 남편이 신세 많이 지고 있습니다.
すずき	ああ、おくさんでしたか。はじめまして。こちらこそ ご主人に おせわになっております。 아, 아내분이셨군요. 처음 뵙겠습니다. 저야말로 남편분께 신세 많이 지고 있습니다.

다음은 처음으로 인사하는 장면입니다.

 **자기소개**

「귀가일기」1회 01:45～02:26

まどか父(ちち)	まどか、ママは？ 마도카, 엄마는?
おおさわ妻(つま)	あっ、こんにちは。私、光(ひかり)ようちえんの おおさわです。 아, 안녕하세요. 저는 히카리유치원 오사와입니다.
まどか父	え？ようちえんの 先生ですか？ 네? 유치원 선생님……이세요?
おおさわ妻	はい。 네.
まどか父	ああ、まどかが お世話(せわ)になります。 네, 마토카 잘 부탁 드립니다.
おおさわ妻	こちらこそ。 저희야말로 잘 부탁 드립니다.
おおさわ	あ、うち、隣(となり)に 住(す)んでるんですよ。 저희 옆집에 살아요.
まどか父	あ、ご主人(しゅじん)？ 아 남편 분이세요?

おおさわ夫	はい。 네
まどか父	どうも。 안녕하세요.
おおさわ妻	転入(てんにゅう)してくる お子さんが いるって 聞いてました。あの、奥様(おくさま)にもごあいさつを。 새로 오는 아이가 있다고 들었어요. 아내 분께도 인사를 드리고 싶은데.
まどか	ママ、電球(でんきゅう)、買いに行ったよ。 엄마 전구사러 갔어요.
まどか父	あ、そうなの？すみません、今、いないみたいで。 아 그래? 죄송합니다. 지금 집에 없는 것 같네요.
(벨소리)	
まどか父	（휴대폰을 보여 주며）あ、妻(つま)です。 아 집사람이네요.

다음은 첫 만남에서 명함을 교환하는 장면입니다.

 **명함교환**

「오마이걸」 2회 10:41～11:09

やすの	こうたろうくん？ 고타로?
こうたろう	やすのさん。 야스노씨
やすの	あんちゃん？ 안?
こうたろう	あ、いや、あの、これは。 아 아니 그게 아니라.
あん	こんにちは。 안녕하세요.

제1과 **出会い** | 만남

やすの　こんにちは。
　　　　　안녕하세요.

あん　こうたろうの 会社(かいしゃ)の 人だよ。
　　　　고타로의 회사사람이야.

やすの　こうたろう？
　　　　　고타로?

ふじ　あ、わたくし、さくらい あんの マネージャーの ふじ みねこ と 申します。
　　　　아 저는 사쿠라이 안의 매니저인 후지 미네코라고 합니다.

やすの　カニブックスの やすのです。
　　　　　카니북스의 야스노입니다.

(명함교환)

ふじ　よろしく お願いします。
　　　　잘 부탁 드립니다.

やすの　ありがとうございます。
　　　　　감사합니다.

ふじ　じゃあ、私たちは しつれいします。
　　　　그럼 저희는 이만 실례하겠습니다.

やすの　しつれいします。
　　　　　실례하겠습니다.

 친구소개

「귀가일기」1회 13:39~14:12

おおさわ　やまざきさん。おはようございます。
　　　　　　야마자키씨. 안녕하세요.

やまざき　あ、おはようございます。
　　　　　　네, 안녕하세요.

おおさわ　ああ、隣(となり)に ひっこしてきた やまざきさん。
　　　　　　아, 옆집에 이사오신 야마자키씨예요.

23

시츄에이션 일본어 회화

むらい	むらいです。よろしく お願いします。 무라이입니다. 잘 부탁 드립니다.
やまざき	あ、こちらこそ。 네, 저야말로 잘 부탁 드립니다.

 가족소개

「하나와가의 네자매」 1회 02:52~03:08

夫(おっと)	ちょっと しつれい。 미안, 잠깐만.
妻(つま)	パパ、たけみちゃんが 写真(しゃしん) とりましょうって。 여보, 다케미가 사진 찍자는대.
夫	ワイフです。 아내입니다.
妻	主人(しゅじん)が いつも お世話(せわ)に なって おります。 남편이 신세지고 있습니다.
夫	それでは しつれいします。 그럼 이만 실례합니다.

제1과 **出会い** | 만남

シチュエーション 3　**帰るとき** | 집에 갈 때

헤어질 때 인사도 상황과 상대방에 따라서 달라집니다.
보통은 헤어질 때 다음과 같이 인사를 나눕니다.

회화 7

〈정중한 표현〉

A　では、また。
　　그럼 가볼게요.

B　はい、じゃあ、また。
　　네, 그럼 다음에 뵐게요.

〈친한 사이〉

A　じゃあね。
　　갈게.

B　うん、ばいばい。
　　응, 잘 가.

25

시츄에이션 일본어 회화

다음은 방문한 집에서 돌아갈 때 나누는 인사 장면입니다.

회화 8

A 今日は、ごちそうさまでした。
오늘 잘 먹었습니다.

B いえ、また いらしてくださいね。
아닙니다. 다음에 또 놀러 오세요.

A はい、ありがとうございます。じゃあ、しつれいします。
네, 감사합니다. 그럼 가보겠습니다.

B お気をつけて。
조심히 가세요.

그럼 직장에서 일이 끝났을 때는 어떻게 인사를 할까요?

회화 9

後輩(こうはい) お先(さき)にしつれいします。
먼저 들어가 보겠습니다.

先輩(せんぱい) うん、おつかれ。
응, 수고했어.

다음은 집에 갈 때 남자가 여자를 집까지 데려다 주려고 하지만 여자가 거절하는 장면입니다.

회화 10

여 じゃあ、また。
그럼 다음에 봐요.

제1과 **出会い** | 만남

남 家まで 送(おく)りますよ。
집까지 바래다줄게요.

여 いいえ、ここで けっこうです。
아니요. 여기서 가볼게요.

남 そうですか。じゃあ、お気をつけて。
그래요? 그럼 조심히 가세요.

여 はい、しつれいします。
네, 이만 실례할게요.

집에 갈 때(학교에서)

「고교교사」 25:10~25:16

生徒(せいと) さようなら。
안녕히 계세요.

先生(せんせい) さようなら
잘 가.

집에 갈 때(가정에서)

「행복해지자」 5회 31:44~31:53

母 またいらっしゃいね。
또 놀러 와요.

女 今日はありがとうございました。
오늘은 감사합니다.

男 ごちそうさまでした。
잘 먹었습니다.

27

시츄에이션 일본어 회화

퇴근할 때

「굿잡」 4회 16:30~16:39

後輩(こうはい)　おさきに しつれいします。
먼저 들어가보겠습니다.

先輩(せんぱい)　ああ、おつかれ。
그래, 수고했어.

課長(かちょう)　お。
어, 그래.

職員(しょくいん)たち　おつかれさまです。
수고하셨습니다.

헤어질 때

「호타루의 빛」 6회 10:24~10:36

女　ここで けっこうです。
전 여기서 이만.

男　家まで送(おく)りますよ。
집까지 데려다 줄게요.

女　とんでもない、ここで しつれいします。
됐어요. 여기서 가볼게요.

男　でも、、。
그래도.

女　さようなら。
안녕히 가세요.

제1과　出会い｜만남

ポイント・チェック

シチュエーション 1　　あいさつ｜인사

1　A：お早いですね。　　　　　　　　　　빠르시네요.
　　B：ええ、仕事が忙しくて。　　　　　　네, 일이 바빠서요.

　해설　"お早いですね。"는 "빠르시네요."라는 뜻으로 아침 일찍 만났을 때 하는 인사입니다.

2　A：お久しぶりですね。お元気でしたか。오랜만이네요. 잘 지내셨어요?
　　B：はい、おかげさまで。　　　　　　네, 덕분에.

　해설　"잘 지내셨어요?"는 「おげんきでしたか。」라고 합니다. 응답표현으로는 "덕분에."라는 뜻으로 「おかげさまで。」라고 합니다.

シチュエーション 2　　初対面｜첫만남

3　학부모：はじめまして。たなかと申します。よろしくお願いします。
　　　　　　처음 뵙겠습니다. 다나카라고 합니다. 잘 부탁합니다.
　　선생님：木村です。こちらこそよろしくお願いします。
　　　　　　기무라입니다. 저야 말로 잘 부탁합니다.

　해설　「こちらこそ」：응답의 표현. 자신도 같은 생각이라고 말할 때 쓰는 표현.

　표현1　처음 만났을 때의 인사표현
　　　A：はじめまして。_____です。よろしくおねがいします。
　　　　　처음 뵙겠습니다. _____ 입니다. 잘 부탁 드립니다.

29

시츄에이션 일본어 회화

B : _____です。こちらこそよろしくお願いします。

_____입니다. 저야말로 잘 부탁 드려요.

4 転入(てんにゅう)してくる お子さんが いるって聞いてました。새로 오는 아이가 있다고 들었어요.

해설 「~って、聞いてました」는 「~と、聞いていました」의 화화체.
이것은 「聞きました」와는 다른 의미.

표현2 상대에 대해 알고 있는 사실을 말할 때 쓰는 표현

- _____ って、聞いていました。
- _____ って、うかがっていました。

예) ゆうしゅうな方が 来られるって、聞いていました。

우수한 분이 오신다고 들었습니다.

- _____ のこと、いろいろ お話を聞いています。

예) キムさんのこと、いろいろ お話を聞いています。

김씨에 대해서 얘기 많이 들었습니다.

- _____ のこと、 _____からうかがっています。

예) キムさんのこと、山田さんから うかがっています。

김씨에 대해서 야마다씨에게 들었습니다.

문법체크

「~って、聞いていました。」에서「ている」는「今、食べている」「歩いている」의 현재진행형과는 달리 '결과의 지속', '상태의 テイル' 등으로 불리는 것입니다.

결과의 지속을 나타내는「~ている」는 한국어에는 없는 표현입니다. 한국인 학생들이 잘 틀리는 것이「結婚(けっこん)しています。」라는 표현입니다.

結婚(けっこん)しています。
결혼했습니다.

제1과 出会い | 만남

한국어로는 '결혼했습니다'와 같이 과거형이지만 일본어에서「結婚しました。」는 과거의 한 시점만을 가리킵니다.

예)
> 私は25で結婚しました。
> 저는 25살에 결혼했습니다.
> 彼(かれ)と彼女(かのじょ)は、大恋愛(だいれんあい)の末(すえ)、結婚しました。
> 그와 그녀는 오랜 연애 끝에 결혼했습니다.

그러나 한번 결혼하면 결혼한 상태가 지속되죠? 그렇기 때문에 결과의 지속을 나타내는 「ている」를 사용해서 「結婚している」라고 합니다. 한국어로 "결혼했습니까?"는 「結婚しましたか。」가 아니라 「結婚していますか?」입니다. 「はい、結婚しています。」「まだ、結婚していません。」라고 대답하면 됩니다.

> A : × 結婚しましたか。
> 　　○ 結婚していますか？
> B : はい、結婚しています。
> 　　まだ、結婚していません。

그 외 결과의 지속을 나타내는 「~ている」
: "서울에 살아요?"는 「ソウルに住(す)みますか？」가 아니라 「ソウルに住んでいますか。」로 결과의 지속 표현인 「ている」를 사용합니다.

> ×ソウルに住みますか？
> ○ソウルに住んでいますか。
> はい、ソウルに住んでいます。

예)
- めがねをかけています。　　　　　안경을 썼습니다.
- 赤いワンピースを着(き)ています。　빨간 원피스를 입었습니다.
- 日本から友達が来ています。　　　일본에서 친구가 왔습니다.
- 猫(ねこ)が死んでいます。　　　　고양이가 죽었습니다.

시츄에이션 일본어 회화

5 これから むすめが お世話(せわ)になります。
앞으로 저희 딸 잘 부탁합니다.

> 해설 「お世話になります。」(미래형)
> : 새롭게 커뮤니티에 참가하는 사람이 사용하는 표현. 신세를 지게 될지도 모르니 앞으로 잘 부탁한다는 의미.
> 「お世話になっています」(현재형)
> : 평소에 신세를 지고 있는 사람에게 사용한다. 첫만남에서는 쓰지 않는다.
> 「お世話になりました。」(과거형)
> : 앞으로 만나지 못하는 사람에게 하는 인사.

6 キム：はじめまして。わたくし、A大学(だいがく)の キムと申(もう)します。
　　　처음 뵙겠습니다. 저는 A대학 김이라고 합니다.

田中：B大学の 田中です。
　　　B대학 다나카입니다.

> 표현3 직업・소속을 설명하는 표현
> ・(회사, 소속명) の (이름) と申します。　　～라고 합니다./입니다.
> 　　　　　　　　　　　　と言います。
> 　　　　　　　　　　　　です。
>
> ・(회사, 소속명)で＿＿＿をしています。　　～에서 ＿＿＿을 합니다.
> 　예) 会社(かいしゃ)で事務(じむ)をしています。
> 　　　　　　　　　　　　　　　　회사에서 사무일을 합니다.
> 　예) ✕ 大学で学生(がくせい)をしています。　대학에서 학생을 합니다.
> 　　　○ 大学で日本語(にほんご)を専攻(せんこう)しています。
> 　　　　　　　　　　　　　대학에서 일본어를 전공하고 있습니다.
> 　　　○ A大学の二年生(にねんせい)です。　A대학교 2학년입니다.

제1과 **出会い** | 만남

표현4 처음 만났을 때의 인사표현
- どうぞよろしく お願いします.　　　잘 부탁 드립니다.
  どうぞよろしく お願いいたします　잘 부탁 드리겠습니다.
- お会いできて、うれしいです.　　　만나게 돼서 반갑습니다.
  お会いできて、光栄(こうえい)です.　만나게 돼서 영광입니다.
- {ずっと/いぜんから}、{お会いしたい/お目にかかりたい}と思っていました. {계속/예전부터} 만나고 싶다고 생각했습니다. /뵙고 싶었습니다.
- ○○さんに {お会いできる/お目にかかれる} のを楽しみにしていました.
  ○○씨와의 {만남을/만나 뵙기를} 기대하고 있었습니다.

7 すずきさん、こちら、東京(とうきょう)で お世話(せわ)になった やまざきさんです. 스즈키 씨, 이분은 도쿄에서 절 많이 도와주신 야마자키 씨입니다.

표현5 소개하는 사람을 설명하는 표현
- こちら、同じ{職場(しょくば)/学校}の田中さんです.
  이분은 같은 {직장/학교}의 다나카 씨입니다.
- こちら、同じ会社ではたらいている田中さんです.
  이 분은 같은 회사에서 일하는 다나카 씨입니다.
- こちら、同じ会社ではたらいていた田中さんです.
  이분은 같은 회사에서 일했던 다나카 씨입니다.
- こちら、日本でお世話になった田中さんです.
  이분은 일본에서 신세를 진 다나카 씨입니다.

8 私も東京に住んでたことがあるんですよ. 저도 도쿄에서 살았었어요.

해설 「住んでた」는 「住んでいた」의 뜻으로 회화에서는 보통 「~ている」에서 「い」를 생략하고 사용한다.
「기본형＋んです」는 주로 회화에서 강조할 때 사용한다.

시츄에이션 일본어 회화

シチュエーション 3　　**帰るとき** | 집에 갈 때

9　후배 : お先(さき)に しつれいします。　　먼저 들어가보겠습니다
　　선배 : うん、おつかれ。　　　　　　　　그래, 수고했어.

(직장에서)　　후배 ―――――→ 선배
　　　　　　お先にしつれいします。　먼저 들어가 보겠습니다.
　　　　　　おつかれさまでした。　　수고하셨습니다.

해설 「おつかれさまです。」는 현재형입니다. 아직 일을 하고 있는 사람에게 하는 말입니다. 윗사람이 퇴근할 때는 「おつかれさまでした。」라고 과거형을 쓰면 됩니다.

　　　　　　후배 ←――――― 선배
　　　　　　おつかれ。　수고했어.
　　　　　　おつかれさん。　수고했네.

10　남 : 家まで送(おく)りますよ。　　집까지 바래다줄게요.
　　여 : いえ、ここで けっこうです。　아니요. 여기서 가볼게요.

해설 "집까지 데려다 줄게요." "집까지 바래다 드릴게요."는 일본어로 "家まで送りますよ。"라고합니다. 거절하는 표현으로는 다음과 같이 있습니다.
　　• いえ、ここでけっこうです。　　아니에요. 여기서 가볼게요.
　　• ここでしつれいします。　　　　여기서 가볼게요.
　　• 그 외, 「だいじょうぶです。」　　(괜찮습니다.) 라고 해도 됩니다.

제1과 出会い | 만남

발음 체크

1. 장음(長音、ちょうおん)

장음은 모음(母音 : ぼいん－a, i, u, e, o)이 중복될 때 앞 글자의 소리를 길게 발음한다.

おは<u>よう</u>
    you → yo **o**

さ<u>よう</u>なら
    you → yo **o**

し<u>つれい</u>します。
    rei → r**ee**

2. 발음(撥音、はつおん)

발음「ん」은 받침역할을 하며 한 음절로 발음한다.

こんにちは。
こんばんわ。

 **これ、知ってる?**

첫만남에서 금기시되는 화제

처음 만난 상대에게 물어도 되는 것, 묻지 말아야 하는 것이 있습니다.
일반적으로 일본에서는 이하 5가지에 대해서는 묻지 않는 것이 좋습니다.
① 연령　　　　　　　② 배우자의 유무
③ 가족구성　　　　　④ 수입
⑤ 종교

35

시츄에이션 일본어 회화

こんなとき、どう言う？

 1. 상대의 집이나 근무처 동료 등의 근황에 대해 물을 때.

みなさん、お変(か)わりありませんか？
여러분, 별일 없으신가요?
* 이 표현은 한동안 만나지 못한 사람과 만났을 때 쓰는 표현으로 첫 만남에서는 사용하지 않는다.

 2. 평소에 여러 가지로 도움을 받은 사람, 보살펴 준 사람을 소개할 때.

こちら、いつもお世話になっている○○さんです。
이분은 제가 많이 신세를 지고 있는 ○○씨입니다.

 3. 어디에 사는지 묻고 싶을 때.

{お住(す)まい/ご自宅(じたく)}は、どちらですか。
사는 곳(자택)은 어디십니까?

 4. 어디에서 왔는지를 묻고 싶을 때.

ご出身(しゅっしん)は、どちらですか。
어디 출신입니까?

 5. 처음 만나는 사람에게 지금 살고 있는 곳이나 근무처에서 오래 있었는지를 묻고 싶을 때.

こちらはもう長(なが)いんですか。
여기서는 오래 계셨나요?

제1과 **出会い** | 만남

 회화연습

자기소개를 해 봅시다.

はじめまして。○○○と申(もう)します。よろしくお願いします。
처음 뵙겠습니다. ○○○ 라고 합니다. 잘 부탁 드립니다.

시츄에이션 일본어 회화

연습문제

1~3에 들어가는 회화문을 □ 안에서 골라서 회화를 완성시켜 봅시다.

① A：(　　　　　　　　)。

　B：ソウルです。

② A：(　　　　　　　　)。

　B：東京駅(とうきょうえき)のすぐ近(ちか)くです。

③ A：(　　　　　　　　)。

　B：もう３年になります。

> a. お住(す)まいは、どちらですか。
> b. こちらは長(なが)いんですか。
> c. ご出身(しゅっしん)は、どちらですか。

제1과 **出会い** | 만남

 새로운 단어

あ行
言い直す(いいなおす) ……… 고쳐 말하다
映像(えいぞう) …………………… 영상

か行
会話を交わす(かいわをかわす)
　………………………………… 대화를 나누다
擬態語(ぎたいご) …………… 의태어
決まり文句(きまりもんく)
　……… 상투적인 말, 자주 등장하는 말

さ行
シチュエーション …………… 상황
親(した)しい仲(なか) ……… 친한 사이
出勤(しゅっきん) …………… 출근
紹介(しょうかい) …………… 소개
省略(しょうりゃく) ………… 생략
職場(しょくば) ……………… 직장
初対面(しょたいめん) ……… 첫만남
シーン ………………………… 장면
台詞(せりふ) ………………… 대사

た行
直訳(ちょくやく) …………… 직역
続き(つづき) ………………… 다음
同僚(どうりょう) …………… 동료
ドラマ ………………………… 드라마

な行
述(の)べる …………………… 말하다

は行
場面(ばめん) ………………… 장면
方言(ほうげん) ……… 사투리, 방언

や行
やりとり ……… 대화, 주고 받음.

 회화에 나오는 단어

あ行
慌しくなる(あわただしくなる) … 바쁘다
改めて(あらためて) ‥ 다시, 다른 기회에
うかがう ……………………… 방문하다
奥様(おくさま) ……… (타인의)부인
お子(こ)さん ………………… 자녀분
オフィス ……………………… 사무실

か行
かかる ………………………… 걸리다
交換(こうかん) ……………… 교환
後輩(こうはい) ……………… 후배
ご主人(しゅじん) …………… 남편 분

さ行
しばらく ……………… 잠시, 당분간
先輩(せんぱい) ……………… 선배

た行
担当(たんとう) ……………… 담당
妻(つま)(자신의) …………… 부인
転入(てんにゅう) …………… 전입
電球(でんきゅう) …………… 전구
隣(となり) …………………… 옆집, 옆

は行
引継ぎ(ひきつぎ)
　……… 이어받음, 물려받음, 인계
引越し(ひっこし) …………… 이사
不慣れ(ふなれ) ‥ 서투름, 익숙하지 않음

ま行
マネージャー ………………… 매니저
名刺(めいし) ………………… 명함

や行
幼稚園(ようちえん) ………… 유치원

39

ほうげん

「방언」을 일본어로는 「方言(ほうげん)」이라고 합니다. 특히 자주 쓰이는 방언이 大阪(おおさか)를 중심으로 한 関西(かんさい)지방의 大阪弁(おおさかべん、오사카 방언,) 京都弁(きょうとべん、교토 방언) 등의 関西(かんさい)방언입니다.

大阪(おおさか)에 사는 ゆうくん과 東京(とうきょう)에 사는 ともちゃん의 대화를 들어 보고, 関西(かんさい)방언 특유의 말, 억양을 배워 봅시다.

이번 주 배운 인사를 関西(かんさい)방언으로는 어떻게 발음을 할까요? 표준어와 억양이 다릅니다.

    ともちゃん:おはよう。
    ゆうくん ： おはよう。

    ともちゃん:こんにちは。
    ゆうくん ： こんにちは。

    ともちゃん:こんばんわ。
    ゆうくん ： こんばんわ。

    ともちゃん:さようなら。
    ゆうくん ： さようなら。

ことわざ

일본의 속담(ことわざ)과 관용구(慣用句, かんようく)가 회화에서 어떻게 쓰일까요?
1과에서는 「ちりも 積(つ)もれば 山(やま)となる。(티끌 모아 태산)」입니다.

男 れいぞうこって かなり電気(でんき)を くうんですよね。 だから 中の 温度(おんど)を あげないように、 さっと 開(あ)けて さっと閉(し)める。
냉장고가 꽤 전기를 많이 먹어요. 그래서 안의 온도가 높아지지 않도록 재빨리 열고 재빨리 닫아야해요..

妻 あー。
아~

男 どうぞ。
해보세요.

妻 さっと 開けて、さっと 閉める。
재빨리 열고 재빨리 닫는다.

男 いいですねえ。じゃあ、ご主人(しゅじん)も。
잘하셨어요. 그럼 남편 분도.

夫 さっと 開けて、さっと 閉める。
재빨리 열고 재빨리 닫는다.

男 もう 全然(ぜんぜ)だめですね。
그러시면 절대 안 돼요.

夫 こんなことで 節約(せつやく) できるの？
이런다고 절약이 되나요?

男 「ちりも 積(つ)もれば 山(やま)となる」です。
티끌모아태산이죠.

妻 そのとおり。
그렇지.

「귀가일기」 2회 18:41 ~ 19:13

MEMO

제2과

食事(しょくじ) | 식사

학습내용

シチュエーション 1 家庭(かてい)の食事(しょくじ) | 가정에서의 식사

シチュエーション 2 食事(しょくじ)にさそう | 식사하자고 할 때

シチュエーション 3 お茶(ちゃ)する | 차를 마실 때

* 「お茶を飲むこと(차를 마시는 것)」 「お茶を飲みに行くこと(차를 마시러 가는 것)」을 「お茶する」라고도 합니다.

학습목표

- 가정에서 식사할 때, 식사하러 가자고 할 때, 차를 마시러 가자고 할 때 쓰는 회화패턴에 대해 배운다.
- 대화 상대에 따라 존댓말과 반말의 사용법에 대해 상황별로 학습한다.

시츄에이션 일본어 회화

シチュエーション 1　家庭の食事 | 가정에서의 식사

'배가 고프다'는 일본어에서 「おなかが すく」「おなかが へる」「はらが へる」라고 합니다. 회화에서는 조사인 「が」가 생략되어 「おなか すいた」「おなか へった」「はら へった」라고 합니다.

그렇다면 가정에서의 식사 장면을 살펴봅시다.

회화 1

こども　　おなか すいた。ごはん、まだ？
　　　　　　배고파. 밥 아직이야?

母　　　　もうすぐ できるよ。
　　　　　　거의 다 됐어.

　　　　　　（식탁에서）

　　　　　　ごはん、できたよ！
　　　　　　밥 다 됐어.

こども　　わあ、コロッケだ。いただきます。
　　　　　　우와, 고로케다. 잘 먹겠습니다.

母　　　　そのソース、つけて食べたらおいしいよ。
　　　　　　그 소스 뿌려서 먹으면 맛있어.

제2과 **食事** | 식사

子供 ただいま。
다녀왔습니다.

母 おかえり。おそかったわね。夕食(ゆうしょく)、できてるわよ。
잘 갔다 왔니? 늦었네. 저녁밥 준비해놨어.

子供 うん。さきに きがえてくる。
응, 옷 먼저 갈아입을게.

가정

「귀가일기」 8회 16:06 ~ 17:16

こども パパ、まだ？おなか すいたから 早くして。
아빠, 아직이야? 배고프니까 빨리.

父 もうすぐ できるから。ほらほら、できたよ。
금방 된다니까. 거 봐. 다 됐어.

あつい、あつい、あつい、あつい …
아 뜨거 뜨거 뜨거.

お～、意外にちゃんとやってるなあ。
오~, 의외로 잘하는데?

よっし、食べようか。
자, 먹어볼까?

こども いただきます。
잘 먹겠습니다.

父 いただきます。
잘 먹겠습니다.

45

 시츄에이션 일본어 회화

 가정

「프리터 집을 사다」 1회 09:07~09:21

母 せいじ、ばんごはん、何食べたい？
세이지, 저녁 뭐 먹고 싶어?

息子 あ、いや、何でもいいや。
음, 아무거나.

母 じゃあ、ぶたのしょうがやきは、どう？
그럼 돼지고기 생강구이는 어때?

息子 うん。
응.

 외식

「행복해지자」 6회 32:32~33:17

はるな   うん。おいしい。
음 맛있다.

たかくら こんな所(ところ)で いいんですか。
이런 데서 밥 먹는 거 괜찮아요?

はるな   来たことない お店が いいんです。こないだの 牛丼(ぎゅうどん)も おいしかったですし。
それより、そんなに 食べ切(き)れますか。
와본 적 없는 가게가 더 좋아요. 저번에 간 소고기덮밥집도 맛있었고. 근데 그거 다 먹을 수 있어요?

たかくら ふつうです。う～ん、うまい。何ですか。
이 정도는 보통이에요. 음 맛있다. 왜요?

はるな   何でも ないです。
아무것도 아니에요.

たかくら これ、つけたほうが いいですよ。
그거 찍으면 더 맛있어요.

＊(しょうゆ/ソース)につける : (간장/소스)를 찍다.
　예) ソースにつけて食べる。소스에 찍어서 먹는다.

제2과 **食事** | 식사

シチュエーション 2　**食事に誘う** | 식사하자고 할 때

식사를 하러 가자고 할 때 뭐라고 말하면 될까요?

회화 3

〈친한 사이〉

A　あー、おなか すいた。なんか 食べない？
　　아~ 배고프다. 뭐 좀 먹지 않을래?

B　いいよ。何、食べる？
　　좋아. 뭐 먹을까?

A　うーん。ラーメンなんか、どう？
　　음, 라면 같은 거 어때?

〈정중한 표현〉

A　お昼 まだでしたら、一緒に どうですか。
　　점심 아직 안 드셨으면 같이 먹을까요?

B　あ、はい。じゃあ、ごいっしょ、させていただきます。
　　네. 그럼 같이 먹으러 갑시다.

A　何が いいですか。
　　뭐가 좋으세요?

시츄에이션 일본어 회화

B   そうですね。何でも いいですよ。
　　글쎄요. 전 아무거나 좋아요.

A   牛丼(ぎゅうどん)の おいしいお店(みせ)が 近(ちか)くに あるんですけど、どうですか。
　　소고기덮밥 잘하는 가게가 근처에 있는데 어때요?

B   いいですよ。そこ、行きましょう。
　　좋아요. 거기 갑시다.

다음은 집에 가는 길에 이웃에게 술 마시러 가자고 하는 장면입니다.

회화 4

A   田中さん、食事してから 一杯(いっぱい) どうですか。
　　다나카 씨, 식사하고 한잔 어떠세요?

B   今日は、ちょっと。
　　오늘은 좀 곤란한데.

A   いいじゃないですか。このさきに 行きつけの 店が あるんですよ。
　　왜요, 좋잖아요. 여기 앞에 단골가게가 있는데.

B   せっかくですけど、今日は ようじが あるので。
　　모처럼의 기회이긴 한데 오늘은 선약이 있어서.

제2과 **食事** | 식사

A　そうですか。ざんねんですね。
　　그래요? 아쉽네요.

B　また さそってください。
　　다음에 또 불러주세요.

다음은 데이트 중인 남녀의 대화입니다.

　제안할 때 1

「행복해지자」 6회 30:26~30:32

高倉　そろそろ おなか へりませんか。
　　　슬슬 배고프지 않아요?

春菜　そうですね。どこ 行きましょうか。
　　　그러네요. 어디로 갈까요?

다음은 직장 동료가 일이 끝난 후에 식사하러 가자고 말하는 장면입니다.

　제안할 때 2

「굿잡」 2회 16:09~16:19

女　みなみ、今日なんか食べて帰(かえ)んない？
　　미나미, 오늘 뭐 먹고 가지 않을래?

みなみ　あ、私、今日、もう少しやってくわ。タイムカード、おしといてくれる？
　　　아 나 오늘 좀 더 하고 갈게. 타임카드 눌러놔 줄래?

女　いそがしいの？てつだおうか？
　　바빠? 도와줄까?

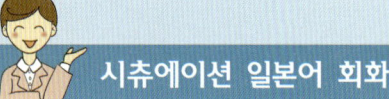 시츄에이션 일본어 회화

다음은 이웃끼리 식사를 하러 가자고 말하는 장면입니다.

 제안할 때 3

「귀가일기」 9회 41:18~41:28

男1 あ、そうだ。なんか おなか すきません？
아, 왠지 배가 고프지 않아요?

男2 あー、そうだな。じゃあ、なんか食べに行くか。やまざきさん、いっしょに どうです？
그러네. 그럼 뭔가 먹으러 갈까? 야마자키씨, 같이 갈래요?

やまざき あー、いいですね。ね。
아, 좋네요. 그렇지?

やまざきの妻(つま) そうね。
그러네.

男1 じゃ、行きましょう。
그럼 갑시다.

男2 よっし。じゃあ、りょうすけのおごりな。
자 그럼 료스케가 내는 거다.

다음은 사귀는 여자가 남자친구에게 도시락을 만들어 온 장면입니다.

 제안할 때 4

「귀가일기」 11회 12:06~12:12

女 りょうすけくん、おべんとう 作ってきたから いっしょに食べよう。
료스케, 도시락 만들어왔으니까 같이 먹자.

男 わ、ありがとう。今日は何？ 楽(たの)しみ。
와, 고마워. 오늘은 뭐야? 기대된다.

제2과 **食事** | 식사

다음은 집에 가는 길에 이웃에게 술 마시러 가자고 하는 장면입니다.

 **제안할 때 5**

「귀가일기」 1회 37:44~38:03

男1 あ、こんばんわ。
안녕하세요.

男2 これから帰るんですか。
이제 들어가세요?

男1 あ、はあ。
아~

男2 そこにね、行きつけの店が あるんですよ。いっしょに どうですか。
여기 앞에 자주 가는 가게가 있어요. 같이 가실래요?

男1 あ、はあ。いや、僕は。
아, 휴. 아니 저는.

男2 いいじゃないですか。おごりますよ。
뭐 어때요. 제가 낼게요.

男1 せっかくなんですけど、帰らなきゃいけないんで。
말씀은 고맙지만 집에 가야 해서요.

男3 あ、おくさま、まってらっしゃるんだ。
아, 부인이 기다리는군요.

시츄에이션 일본어 회화

| シチュエーション 3 | **お茶する** | 차를 마실 때 |

차나 커피 등의 음료를 마시면서 쉬거나 이야기하는 것을 「お茶する」라고 합니다. 여기서는 차를 마실 때 대화를 살펴봅시다.

A　つかれた。この辺(へん)で お茶しない？
　　피곤하네. 이 근처에서 차 한잔할까?

B　そうしよう。
　　그럽시다.

A　おじゃまします。
　　실례합니다.

B　どうぞ。ちらかってますけど。今、お茶 入(い)れますね。
　　들어오세요. 좀 어수선하긴 하지만. 지금 차 준비할게요.

A　いえ、おかまいなく。
　　아니요. 신경 쓰지 마세요.

B　このいもようかんね、いただきものですけど、おいしいですよ。どうぞ。
　　이 양갱 선물 받은 건데 맛있어요. 드셔 보세요.

A ありがとうございます。
감사합니다.

B お茶、おかわりどうですか。
차 좀 더 드릴까요?

A じゃあ、いただきます。
네. 감사합니다.

　방문처에서「コーヒー/お茶入れましょうか？」「何か飲みますか？」라는 말을 듣고 거절하는 경우, 일반적으로「いえ、おかまいなく。」「おなかいっぱいなんで。」「今、ちょうどコーヒーを飲んできたところなんですよ。」라고 말하며 거절합니다. 그럼 술을 마시러 가자고 할 때는 뭐라고 하면 될까요? 일본어로「飲みに行く」라고 하면 술을 마신다는 의미입니다. 술을 마시러 가자고 할 때는「飲みに行きましょう」「一杯どうですか。」「一杯やりましょう。」라고 합니다.

회화 7

A これから一杯、どうですか。
한잔하러 갈까요?

B いいですね。行きましょう。
좋아요. 갑시다.

다음은 차를 권하는 장면입니다.

차를 마실 때

「귀가일기 2」 2회 23:33~23:39

女1 あ、じゃあ、ちょうどね、時間だから みんなで お茶しませんか？
자 그럼, 시간도 됐으니 모두 차 마시지 않을래요?

女2 あ、はい。
네.

女1 はいはい、どうぞ。
네.

女2 ありがとうございます。
감사합니다.

 차를 권할 때 1

「귀가일기」 11회 13:15～13:24

女1 こんにちは。
안녕하세요.

女2 あ、こんにちは。
아, 안녕하세요.

女1 はい、どうぞ。
네, 여기요.

女2 ありがとう。
감사합니다.

男 悪いね。
미안.

女1 ううん。じゃあね。
아니야. 그럼 이만.

 차를 권할 때 2

「행복해지자」 10회 22：09～20

女 うけつけで 退院証明書(たいいんしょうめいしょ)、もらってきた。
접수처에서 퇴원증명서 받아왔어.

男 ありがとう。
고마워.

女 お茶、入れるね。
차 끓일게.

제2과 食事 | 식사

男 うん。
　　　 응.

차를 권할 때 3
「행복해지자」 11회 27：01〜27：08

女 お茶、おかわりしますか？
　　　 차 좀 더 드실래요?

男 ええ、いただきます。
　　　 네, 감사합니다.

거절할 때는 어떻게 말할까요?

차를 권할 때 4
「귀가일기」 10회 26:15〜22

常務(じょうむ) おじゃまするよ。
　　　 나 왔네.

課長(かちょう) あ、常務。こんなむさ苦しい所へようこそ。
　　　 아, 상무님. 이런 답답한 곳에 잘 오셨습니다.

男 さっそくお茶を出して。
　　　 바로 차 내와.

女 はい。
　　　 네.

常務 あ、いやいや、おかまいなく。
　　　 아니 신경 쓰지마.

 시츄에이션 일본어 회화

 술 마시러 가자고 할 때

「프리터 집을 사다」 3회 03:26～03:29

同僚(どうりょう) 飲みに行こう。
술 한 잔 하러 가자.

せいじ え？
네?

同僚 行くよ。
가자.

せいじ おい。
야.

제2과　食事 | 식사

ポイント・チェック

シチュエーション 1　　**家庭の食事** | 가정에서의 식사

1　こども：おなか すいた。ごはん、まだ？　　배 고파. 밥 아직이야?
　　母：もうすぐ できるよ。　　　　　　　　　　거의 다 됐어.
　　　　ごはん、できたよ！　　　　　　　　　　밥 다 됐어.

해설

- 「배가 고프다」는 일본어로「おなかがすく」「おなかがへる」「はらがへる」라고 합니다. 회화에서는 조사「が」를 생략해서「おなかすいた」「おなかへった」「はらへった」라고 합니다.
- 식사 준비가 되었는지 물을 때 쓰는 한국어「밥이 되다.」는 일본어로「ごはんができる」라고 합니다. 회화에서는「밥 됐어?」는「ごはん、できた？」,「밥 됐어요.」는「ごはん, できたよ/できましたよ。」이며, 이것은「밥 먹어요. 식사 하세요.」라는 뜻으로 쓰입니다.

ごはん、できた？（ごはん、まだ？）　　밥 됐어?
もうすぐできるよ。　　　　　　　　　　거의 다 됐어.
ごはん、できたよ。　　　　　　　　　　밥 다 됐어.(밥 먹어요. 식사하세요.)

シチュエーション 2　　**食事にさそう** | 식사하자고 할 때

2　あー、おなかすいた。なんか食べない？　아, 배 고파. 뭐 좀 먹지 않을래?
　　ラーメンなんか、どう？　　　　　　　　라면 같은 거 어때?

해설　なんか ＝ 何か
　　　　～なんか ＝ ～など

57

시츄에이션 일본어 회화

표현1 제안할 때

<친한 사이일 때 쓰는 표현>

_____ない？_____なんかどう？

＊なんか＝など

예) 今日(きょう)なんか食(た)べていかない？おすしなんかどう？
오늘 뭔가 먹고 가지 않을래? 초밥 어때?

예) 仕事終(しごとおわ)ったら飲(の)みに行(い)かない？ビールなんかどう？
일 끝나고 술 한 잔 하지 않을래? 맥주 어때?

예) どっか遊(あそ)びに行(い)かない？浅草(あさくさ)なんかどう？
어딘가 놀러 가지 않을래? 아사쿠사 어때?

응답표현 :

YES) いいね。行こっか。　　좋아. 갈까?

NO) ちょっと今日(きょう)、用事(ようじ)があって。またさそって。
오늘은 일이 좀 있어서. 다음에 가자.

<정중한 표현>

_____ませんか？　　_____なんかどうですか？
_____않을래요？　　_____는 어떠세요？

예) 今日なんか食べていきませんか？おすしなんかどうですか？
오늘 뭔가 먹으러 가지 않을래요? 초밥은 어떠세요?

예) 仕事終ったら飲みに行きませんか？ビールなんかどうですか？
일 끝나고 한 잔 하러 가지 않으실래요? 맥주 어떠세요?

예) どっか遊びに行きませんか？浅草なんかどうですか？
어딘가 놀러 가지 않으실래요? 아사쿠사 어떠세요.

응답표현 :

YES) いいですね。行きましょうか。　좋네요. 갈까요?

제2과 食事 | 식사

NO) ちょっと今日、用事があるので。また誘ってください。
　　오늘은 일이 좀 있어서. 다음에 같이 갑시다.

3 A : 田中さん、食事してから一杯(いっぱい)どうですか。
　　B : 今日は、ちょっと。

표현2 제안을 거절하는 표현

- いや、今日はちょっと。　　　　　오늘은 좀.
- せっかくですけど、今日は用事があるんで。
　　　　　　　　　　　　　　　말씀은 고맙지만 오늘은 일이 있어서.
- 今、ちょっと時間ないので。　　　지금 시간이 없어서.
- また今度、さそってください。　　다음에 불러 주세요.

シチュエーション 3 | **お茶する** | 차 마실 때

4 お茶しない？　　　　　　　　차 마실까?

해설 커피숍 등에서 차나 커피 등의 음료수를 마시면서 쉬거나 이야기를 나누는 것을「お茶する」라고 합니다.

표현3 방문객에게 차를 권하는 정중한 표현

- コーヒー/お茶、入れましょうか？　　커피/차 준비할까요?
- 何か飲みますか？　　　　　　　音료수 드시겠습니까?

<거절할 때 응답표현>

- いいえ、おかまいなく。　　　　아니요, 괜찮습니다.
- おなか、いっぱいなんで。　　　배가 불러서요.
- 今、ちょうどコーヒーを飲んできたところなんですよ。
　　　　　　　　　　　　　지금 막 커피를 마셨어요.
- コーヒー/お茶、おかわりどうですか。 차 좀 더 드시겠습니까?

시츄에이션 일본어 회화

<거절할 때 응답표현>
- いいえ、もうけっこうです。　　　아니요, 이제 됐어요.
- いいえ、だいじょうぶです。　　　아니요, 괜찮습니다.

5 飲みに行こう。　　　　　　　　　술 한잔 하자.

해설　일본어로「飲みに行く」라고 하면 술 마시러 간다는 뜻입니다.
아래 표현은「お酒を飲みに行きましょう。(술을 마시러 갑시다.)」라는 뜻입니다.

- 「飲みに行きましょう。」　　　(술을) 마시러 갑시다.
- 「一杯(いっぱい)どうですか。」　한잔 어떠세요.
- 「一杯やりましょう。」　　　　한잔 합시다.

 これ、知ってる?

맛의 표현	
① しょっぱい(塩辛(しおから)い)	짜다
② 甘(あま)い	달다
③ 辛(から)い	맵다
④ 酸(す)っぱい	시다
⑤ 脂(あぶら)っこい	기름지다

제2과 **食事** | 식사

こんなとき、どう言う?

1. 커피가 진할 때.

このコーヒー、ちょっとこいね。
이 커피 꽤 진하네.

해설 「こい⇔うすい」는 커피, 수프, 미소된장국, 카레, 스튜 등의 국과 마시는 것에 대해 말할 때 쓴다.
예) この{コーヒー/スープ/みそしる/カレー/シチュー}、ちょっと{こい/うすい}ね。
이 {커피/수프/미소된장국/카레/스튜} 좀 {진하다/연하다}.

2. 맥주의 온도가 기대에 못 미쳤을 때.

このビール、ぬるいね。
이 맥주 미지근하네.

해설 「ぬるい」는 액체의 온도가 기대에 못 미쳤을 때 쓴다.
「このビール、冷(ひ)えていないね。(이 맥주 차갑지 않네.)」라는 의미.
예) このコーヒー、ぬるいね。
이 커피, 미지근하네.
: 뜨거운 커피의 경우는 「熱(あつ)くない」(뜨겁지 않다)는 의미며, 아이스커피는 「冷えていない」(차갑지 않다)는 의미.

회화연습

점심식사를 함께 하자고 제안해봅시다. 뭐라고 하면 될까요?
お昼、いっしょにどうですか?
점심 같이 드릴래요?

시츄에이션 일본어 회화

연습문제

 아래 회화에 다음에 오는 말 중 <u>부적절한 것을</u> 3개 중에 하나 <u>고르시오.</u>

① あ～、おなかすいた。何食べる？

① ええ、いただきます。
② 豚(ぶた)のしょうが焼(や)きは、どう？
③ なんでもいいや。

② 飲みに行きませんか。おごりますよ。

① あー、いいですね。
② せっかくなんですけど、帰らなきゃいけないんで。
③ お茶ちょうだい。

③ お弁当(べんとう)作ってきたから、一緒(いっしょ)に食べよう。

① わあ、ありがとう。今日は何？楽しみ。
② 何かおなかすきません？
③ 悪(わる)いね。

제2과 **食事** | 식사

 회화에 나오는 단어

あ行

お茶(ちゃ)を入(い)れる ……차를 끓이다
お茶(ちゃ)を出(だ)す 차를 내다/대접하다
おなか(が)すく …………배가 고프다
おなか(が)へる …………배가 고프다
行(い)きつけの店(みせ) ………단골가게
いただきもの …남에게서 받은 것, 선물
受付(うけつけ) ………………접수처
(味が)うすい ………………맛이) 싱겁다
おごり、おごる 한 턱 내다, 쏘다
お弁当(べんとう) ………………도시락

か行

彼女(かのじょ) ………………그녀
彼氏(かれし) ……………………그
着替(きが)える …………옷 갈아 입다
着替(きが)えてくる ‥옷 갈아 입고 오다
牛丼(ぎゅうどん) …………소고기 덮밥
ご近所(きんじょ)さん ……………이웃
(味が) こい ………(맛이)진하다, 강하다
コーヒーショップ ………………커피숍

さ行

誘(さそ)う ‥‥제안하다, 권유하다, 꾀다
ソース ………………………………소스

た行

退院証明書(たいいんしょうめいしょ)
 …………………………퇴원증명서
楽(たの)しみ …………………즐거움
食(た)べ切(き)る ………………다 먹다
デート ………………………데이트
~同士(どうし) …………………~끼리

は行

はら(が)へる ………………배가 고프다
豚(ぶた)のしょうが焼(や)き
 …………………돼지고기 생강구이
晩(ばん)ご飯(はん) ……………저녁 밥

ま行

待(ま)ち合(あ)わせ ……………기다림
(マヨネーズを)つける ･(마요네즈를)찍다
もうすぐ ………………………이제 곧

や行

ようかん ……………………… 양갱

63

쉬어가기

ほうげん

「コーヒー飲みに行かない？」를 関西(かんさい) 지방에서는 「行かへん？」이라고 합니다. 「いい」를 関西(かんさい)에서는 「ええ」라고 합니다.

ゆうくん コーヒー飲みに行かへん？
커피 마시러 안갈래？ (표준어 : コーヒー飲みに行かない？)

ともちゃん いいよ。
좋아.

ゆうくん ここでえーかー？
여기면 돼？ (표준어 : ここでいい？)

ともちゃん うん、いいよ。
응. 좋아.

ゆうくん なんにする？
뭐로 할래? (표준어 : なににする？)

ともちゃん このケーキセットにしようかな。
이 케이크 세트로 할까.

ゆうくん あ、それ、えーなー。
그거 좋네. (표준어 : あ、それ、いいね。)

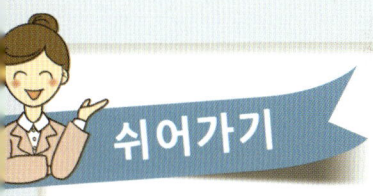 쉬어가기

ことわざ

일본의 속담(ことわざ)과 관용구(慣用句, かんようく)가 회화에서 어떻게 쓰일까요? 2과에서는 「釣(つ)った魚(さかな)に餌(えさ)をやらない。(잡은 물고기에게 먹이를 주지 않는다)」입니다.

女1 お宅(たく)は？どこにも つれて行って もらえないの？
그 집은 어때요? 아무데도 안 가요?

女2 休みの日は、うちで ごろごろしたり、一人で 出かけたり。
ま、どっちかですね。
쉬는 날은 집에서 뒹굴뒹굴하거나 혼자 외출해요. 보통 둘 중 하나예요.

男 そういう人、けっこう 多いんじゃないっすか？
「釣(つ)った魚(さかな)に えさをやらない」っていうか。
그런 사람 꽤 많지 않아요? 잡은 물고기에게 먹이를 주지 않는다고 하니까요.

「귀가일기」 5회 02:56〜

MEMO

제3과

外食(がいしょく) | 외식

학습내용
シチュエーション 1 注文(ちゅうもん)する | 주문할 때
シチュエーション 2 おごる | 한턱 낼 때
シチュエーション 3 レストラン | 레스토랑

학습목표
- 가게에서 식사할 때 특유의 어휘나 표현에 익숙해지고, 손님의 입장에서 상대에게 결례가 아닌 회화방식을 습득한다.

 시츄에이션 일본어 회화

シチュエーション 1　注文する | 주문할 때

 회화 1

점원　ご注文はお決まりでしょうか？
　　　주문 결정하셨습니까?

손님　あ、コーヒー。
　　　커피로.

점원　コーヒーはホットとアイスがございますが。
　　　커피는 뜨거운 것과 차가운 것이 있습니다만.

손님　じゃあ、ホットで。
　　　그럼 뜨거운 걸로.

 회화 2

客1　すみません。
　　　저기요.

店員　はい。お決まりですか。
　　　네, 주문 결정하셨습니까?

제3과 **外食** | 외식

客1 私は、オレンジジュースで。
저는 오렌지주스 주세요.

えーっと、田中さんはミルクティーでしたっけ？
음, 다나카 씨는 밀크티였나요?

客2 ええ。
네.

店員 オレンジジュース、おーっと、ミルクティー、おーつでよろしいでしょうか。
오렌지 주스 하나, 밀크티 하나, 맞습니까?

客1 はい。
네.

店員 すぐお持ちいたします。
바로 가져다 드리겠습니다.

주문을 하는 장면입니다.

 주문 1

「귀가일기 2」 5회 11:14~）

店員 ご注文(ちゅうもん)はお決まりでしょうか？
주문 결정하셨습니까?

客1 あ、コーヒー。
커피로.

客2 私はミルクティーね。
저는 밀크티요.

 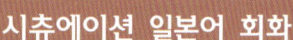

주문을 하기 위해 점원을 부를 때.

 주문 2

「귀가일기」 8회 13:59〜14:04

客　すみません。
　　　저기요.

店員　はい。お決まりですか。
　　　네, 주문 결정하셨습니까?

레스토랑에서 여자 셋이 주문하는 장면입니다.

 주문 3

「フリーター」 4話 24:37〜52

女1　あ、ねえ、決まった？
　　　저기, 결정했어?

全員　ええ。
　　　네.

女1　私、この、８５０円のランチで。
　　　나는 이 850엔짜리 런치메뉴.

女2　私も。
　　　나도

女3　私も。
　　　나도

女4　私も。
　　　나도

店員　はい、かしこまりました。
　　　네, 알겠습니다.

70

제3과 **外食** | 외식

케익 집에서 일하는 친구(사나에)를 방문한 친구들이 케익을 주문하는 장면입니다.

 주문 4

「귀가일기」 8회 1:19～1:47

まどか	まどか、イチゴショート。 나는 딸기 쇼트케이크.
店員	はい、かしこまりました。 네, 알겠습니다.
	さなえさんとさえこさんは？ 사나에씨랑 사에코씨는요?
さなえ	私はアムランカージュ。 저는 꽈리케이크요.
店員	はい。 네.
さえこ	私は、う～ん。ル・ショコラにしようかな。 저는 음~ 르 쇼콜라 먹을까?
店員	はい。 네.

시츄에이션 일본어 회화

シチュエーション 2 おごる | 한턱 낼 때

회화 3

男 今日はぼくがおごるよ。
오늘은 내가 낼게.

女 いつもごちそうになってるのに。すみません。
항상 얻어먹기만 하는데. 죄송합니다.

じゃあ、私がコーヒーおごります。
그럼 제가 커피 살게요.

男 そう。じゃあ、この先においしいコーヒーショップがあるから、そこに行こう。
그래. 그럼 이 앞에 맛있는 커피숍 있으니까 거기로 가자.

女 はい。
네.

제3과 **外食** | 외식

직장 동료가 평소 신세 많이 져서 사주겠다며 식당에 찾아온 장면입니다.

 **한턱 낼 때 1**

「굿잡」 2회 19:09～19:21

男 良かった。いつも、いつかお礼(れい)したいって思ってたんだ。おごらしてもらうから、どんどん食べてね。
아 다행이다. 항상 언젠가 감사인사를 하고 싶었어. 내가 낼 테니까 많이 먹어.

女 あ、はい。でも、お礼って、私何かしましたっけ？
아, 네. 근데 감사인사라니 제가 뭘 했죠?

＊ おごらしてもらうから＝ごちそうするから。

다음은 커피숍에서 장인이 사위에게 사주겠다고 하고 있는 장면입니다.

 **한턱 낼 때 2**

「귀가일기」9회 28:25

사위 じゃあ、すみません。ごちそうになります。
그럼 실례합니다. 잘 먹었습니다.

장인 当然だろう。
당연하지.

다음은 어젯밤에 직장 여자 선배와 남자 후배가 같이 식사를 하고 식사비를 남자가 내서 여자가 고맙다고 하고 있는 장면입니다.

 **한턱 낼 때 3**

「호타루의 빛1」 1회 38:20～38:43

女 まことくん、夕べは ごちそうさま。本当(ほんとう)なら 先輩(せんぱい)の 私が おごらないといけないところなのに。

시츄에이션 일본어 회화

마코토, 어제 저녁엔 잘 먹었어. 원래는 선배인 내가 사야 되는 건데.

男 いや、さそったのは僕(ぼく)ですから。
아니요, 같이 가자고 한 건 저니까요.

女 夕べの お店も 良(よ)かっけど、ここの カフェも 負(ま)けて ないでしょ。
어젯밤 가게도 좋았지만 이 카페도 괜찮지?

男 大成功(だいせいこう) ですよね。
대성공이네요.

女 ねえ、キャラ・モカ、試食(ししょく)した？
저기, 캬라・모카 먹어 봤어?

男 あ、まだ。
아, 아직

女 とってきてあげる。
갖다 줄게

男 すみません。
고맙습니다.

* 부페를 일본에서는 "バイキング" "ビュッフェ" "食べ放題" 등과 같이 말합니다.
예)「ケーキ・バイキング」,「デザート・バイキング」,「スイーツ・ビュッフェ」

다음은 음식을 가져다 주는 장면입니다.

 **음식을 가져다 줄 때**

「호타루의 빛1」 1회 39:39~41

女 はい、どうぞ。
여기요.

男 あ、どうも。
아, 고마워요.

* 음식을 가져다 줄 때는「どうぞ。」, 받은 사람은「どうも。」라고 합니다.

제3과 **外食** | 외식

シチュエーション 3　　**レストラン** | 레스토랑

회화 4

客(きゃく)　　すみません。
　　　　　　　저기요.

店員(てんいん)　はい、お決まりですか。
　　　　　　　네, 주문 결정하셨습니까?

客　　　　　この、スタミナ定食(ていしょく)って、何ですか？
　　　　　　　이 스테미너 정식은 뭡니까?

店員　　　　牛丼(ぎゅうどん)が大盛(おおも)りになります。あと、ドリンクとサラダがつきます。
　　　　　　　소고기덮밥 양이 더 많습니다. 그리고 음료와 샐러드가 같이 나옵니다.

客　　　　　じゃあ、これで。
　　　　　　　그럼 이걸로.

店員　　　　ドリンクは、何になさいますか。
　　　　　　　음료는 뭐로 하시겠습니까?

客　　　　　オレンジジュースで。
　　　　　　　오렌지 주스 주세요.

店員　　　　かしこまりました。
　　　　　　　알겠습니다.

店員　　　　スタミナ定食です。
　　　　　　　스테미너 정식입니다.

75

시츄에이션 일본어 회화

客	あれ？すみません。コーヒーじゃなくて、ジュースを注文したと思うんですけど。 응? 죄송한데요. 커피가 아니라 주스를 주문했는데요.
店員	あ、もうしわけございません。すぐにお持ちいたします。 아, 정말 죄송합니다. 바로 다시 가지고 오겠습니다.
客	すみません、ジュースをこぼしちゃったんですけど。 죄송합니다. 주스를 흘렸는데요.

회화 5

客(きゃく)	おかんじょう、お願いします。 계산이요.
店員(てんいん)	お会計(かいけい)、４９８０円(えん)になります。 4980엔입니다.
客	すみません、別々(べつべつ)にお願いします。 죄송한데요. 따로 계산할게요.
店員	かしこまりました。では、そば定食(ていしょく)のお客様(きゃくさま)、1400円でございます。 알겠습니다. 그럼 메밀국수 정식 손님은 1400엔입니다.
客	カード、使(つか)えますか？ 카드 계산되나요?
店員	現金(げんきん)でお願いいたします。 현금으로 부탁 드립니다.
客	あ、そうですか。じゃ、これで。 아 그래요? 그럼 이걸로.
店員	お支払(しはら)い１５００円で、１００円のおつりです。 1500엔 받았습니다. 100엔 잔돈입니다.
客	あの、レシートいただけますか。 저기, 영수증을 받고 싶은데요.
店員	はい。ありがとうございました。 네, 감사합니다.
客	ごちそうさまでした。 잘 먹었습니다.

제3과 **外食** | 외식

ポイント・チェック

シチュエーション 1　　**注文する** | 주문 할 때

1 점원: コーヒーはホットとアイスがございますが。
　　　　　　　　　　　 커피는 뜨거운 것과 차가운 것이 있습니다만.
　손님: じゃあ、ホットで。　　　　그럼 뜨거운 걸로.

연습문제

점원: (　1　)は、(　2　)と(　3　)がございますが。
　　　(　1　)는 (　2　)와 (　3　)가 있습니다만.
손님: じゃあ、(　3　)で。
　　　그럼 (　3　)로.

① 1サラダのドレッシング(샐러드 드레싱), 2和風(わふう、일본식), 3洋風(ようふう、서양식)
② 1ソフトドリンク (소프트 드링크) , 2サイダー(사이다), 3オレンジジュース(오렌지쥬스)
③ 1お座席(おざせき、자리), 禁煙席(きんえんせき、금연석), 喫煙席(きつえんせき 흡연석)

정답 및 번역

① A : (サラダのドレッシング)は、(和風)と(洋風)がございますが。
　　　(샐러드 드레싱)은 (일본식)과 (서양식)이 있습니다만.
　B : じゃあ、(洋風)で。
　　　그럼 서양식으로.
② A : (ソフトドリンク)は、(サイダー)と(オレンジジュース)がございますが。
　　　(소프트 드링크)는 (사이다)와 (오렌지주스)가 있습니다만.

77

시츄에이션 일본어 회화

B：じゃあ、(サイダー)で。
그럼 사이다로.

③ A：(お座席)は、(禁煙席)と(喫煙席)がございますが。
(자리)는 (금연석)과 (흡연석)이 있습니다만.

B：じゃあ、(禁煙席)で。
그럼 금연석으로.

2 えーっと、田中さんはミルクティーでしたっけ？

표현1 과거에 있던 일을 묻는 회화체

＜친한 사이＞

(동사의 기본형) っけ？　　　　　～했나?

예) いつ会ったっけ？　　　　　언제 만났나?

　　いっしょにごはん、食べたっけ？　같이 밥 먹었나?

＜정중한 표현＞

(동사의 ます형) ましたっけ？　　～했나요?

예) いつ会いましたっけ？　　　언제 만났나요?

　　いっしょにごはん、食べましたっけ？　같이 밥 먹었나요?

シチュエーション 2　　**おごる** | 한턱 낼 때

3 남：今日はぼくがおごるよ。　　오늘은 내가 낼게.

여：いつもごちそうになってるのに。すみません。
　　　　　　　　　　　　　　항상 얻어먹고 있는데, 감사합니다.

해설 おごる＝자신의 돈으로 남에게 대접하다.

예) ここは、ぼくがおごるよ。　　여기는 내가 낼게.

　　友達におごってもらった。　　친구에게 얻어 먹었어.

おごり＝「おごる」의 명사형.

예) ここは、ぼくのおごりで。　　여기는 내가 낼게.

제3과　外食 | 외식

　　　　友達のおごりだった。　　　　　　친구가 냈어.

ごちそうする＝ 음식을 상대방에게 제공해서 대우하는 일.
ふるまう・もてなす. (대접하다, 후대하다.)
　　예) おすしをごちそうするよ。　　 초밥 살게.
　　　　先輩がおすしをごちそうしてくれた。선배가 초밥을 사 줬어.
　　　　夕べはごちそうさま。　　　　 어제 저녁엔 잘 먹었어.

ごちそうになる＝ 얻어 먹다. 대접을 받다.
おごってもらう。もてなしを受ける。
　　예) 先輩におすしをごちそうになった。선배에게 초밥을 얻어 먹었다.
　　　　じゃあ、すみません。ごちそうになります。그럼 잘 먹겠습니다.

シチュエーション 3　　レストラン | 레스토랑

4　スタミナ定食って、何ですか？　　　스테미너 정식은 뭡니까?

해설
- 「～って」＝「(スタミナ定食)というのは」를 보통 구어체로는 짧게「って」라고 쓴다.
- 「入ってる」＝「入っている」 일반적으로 구어체에서는「～ている」의「い」가 생략된다.
　　예) 食べている＝食べてる
　　　　知っている＝知ってる
- 「んですか」＝「のですか」

표현2 메뉴에 대해서 점원에게 물을 때
- ＿＿＿＿＿＿＿って、＿＿＿＿＿＿ですか。　~은(는) ~입니까.

연습문제
① ランチメニュー(런치메뉴)、何時まで

시츄에이션 일본어 회화

② お子様(こさま)ランチ(어린이 런치세트)、メニューは何
③ おさしみ盛(も)り合(あ)わせ(모듬 회)、何が入(はい)っている

정답 및 번역

① ランチメニューって何時までですか。
런치 메뉴는 몇 시까지 입니까?
② お子様ランチってメニューは何ですか。
어린이 런치 세트란 무엇입니까?
③ おさしみ盛り合わせって、何が入ってるんですか。
모듬 회는 무엇이 들어있나요?

• _____って、___동사, 형용사의 기본형 んですか？

연습문제

① このドリンクつき(음료가 함께 나옴)、何がある
② 牛丼(ぎゅうどん)セット(소고기 덮밥 세트)、サラダもつく(샐러드도 함께 나옴)
③ インドカレー(인도카레)、からい

정답 및 번역

① このドリンクつきって、何があるんですか。
이 함께 나오는 음료는 무엇이 있나요?
② 牛丼セットって、サラダもつくんですか。
소고기 덮밥 세트는 샐러드도 함께 나오나요?
③ インドカレーって、からいんですか。
인도 카레는 맵나요?

5 コーヒーじゃなくて、ジュースを注文(ちゅうもん)したと思うんですけど。
커피가 아니라 주스를 주문한 것 같은데요.

해설
- 「じゃなくて」=「ではなくて」의 구어체.
- 「思うんです」=「思うのです」의 口語体. 의 구어체.
- 「けど」=「けれども」의 구어체. 「～けど。」라고 말을 끝맺지 않을 경우 정중한 표현이 된다.

제3과 外食 | 외식

표현3 주문한 것과 다른 것이 나왔을 때

＿＿＿＿＿＿じゃなくて、＿＿＿＿＿を {注文した/頼んだ/お願いした} と思うんですけど。

＿＿＿가 아니라 ＿＿＿를 {주문/시킴/부탁} (한) 것 같은데요.

연습문제

① ミルクティー、レモンティー(밀크티, 레몬티)
② 単品(たんぴん)、セット(단품, 세트)
③ ライス、パン

정답 및 번역

① ミルクティーじゃなくて、レモンティーを {注文した/頼んだ/お願いした} と思うんですけど。
   밀크티가 아니라 레몬티를 {주문한/시킨/부탁한} 것 같은데요.
② 単品じゃなくて、セットを {注文した/頼んだ/お願いした} と思うんですけど. 단품이 아니라 세트를 {주문한/시킨/부탁한} 것 같은데요.
③ ライスじゃなくて、パンを {注文した/頼んだ/お願いした} と思うんですけど. 라이스가 아니라 빵을 {주문한/시킨/부탁한} 것 같은데요.

6 すみません、ジュースをこぼしちゃったんですけど。

해설
- 「～ちゃった」＝「～てしまった」의 구어체 표현.
- 점원은 보통 「すぐにお持(も)ちいたします。」라고 대답한다.

표현4 이럴 때 점원에게 뭐라고 하나요?

① 커피를 흘려서 닦아줬으면 할 때
② 포크를 떨어뜨려서 새 것이 필요할 때
③ 커피를 더 마시고 싶을 때
④ 식사 전에 커피를 시켰는데 커피가 나오지 않을 때

すみません、＿＿＿＿＿＿んですけど。

실례합니다. ＿＿＿＿＿＿인데요.

시츄에이션 일본어 회화

연습문제

① コーヒーをこぼしちゃった　커피를 흘렸다.
② フォークを落(お)としちゃった　포크를 떨어뜨렸다.
③ コーヒーおかわり、いただきたい　커피를 더 마시고 싶다
④ コーヒーをさきに たのんだ　커피를 먼저 시켰다

정답 및 번역

① すみません、コーヒーをこぼしちゃったんですけど。
　죄송합니다. 커피를 흘렸는데요.
② すみません、フォークを落としちゃったんですけど。
　죄송합니다. 포크를 떨어뜨렸는데요.
③ すみません、コーヒーおかわり、いただきたいんですけど。
　죄송합니다. 커피를 더 미시고 싶은데요.
④ すみません、さきに たのんだんですけど。
　죄송합니다. 커피를 먼저 시켰는데요.

표현5 점원이 커피를 권유할 때 응답표현

점원이「コーヒーのおかわりはいかがですか。(커피 좀 더 드시겠습니까?)」라고 했을 때 응답표현.

응답표현

• 더 마시고 싶을 때 :「お願いします。」　　부탁 드립니다.
　　　　　　　　　　　「ください。」　　　　주세요.
• 마시고 싶지 않을 때 :「もういいです。」　　괜찮습니다.
　＊「いりません。」(필요 없습니다.)는 강한 표현이므로 쓰지 않도록 합시다.

제3과 **外食** | 외식

 **これ、知ってる?**

식기의 이름

① おはし 　　　　　　　　　　　젓가락
② スプーン 　　　　　　　　　　숟가락
③ フォーク 　　　　　　　　　　포크
④ ナイフ 　　　　　　　　　　　나이프
⑤ コップ 　　　　　　　　　　　컵
⑥ お皿(さら) 　　　　　　　　　접시
⑦ お茶(ちゃ)わん 　　　　　　　밥공기
⑧ おわん 　　　　　　　　　　　공기

83

시츄에이션 일본어 회화

 **こんなとき、どう言う？**

 1. 금연석으로 가고 싶을 때 점원에게 뭐라고 할까요?

すみません、禁煙室(きんえんしつ)でお願いします。

 2. 담배를 피고 싶을 때 점원에게 뭐라고 할까요?

たばこをすってもいいですか。
たばこをすってもだいじょうぶですか。

 회 화 연 습

アイスコーヒー(아이스커피)를 주문했는데 ホットコーヒー(뜨거운 커피)가 나왔습니다. 점원에게 뭐라고 하면 될까요?

ホットじゃなくて、アイスコーヒーを注文したと思うんですけど。
뜨거운 게 아니라 차가운 커피를 주문한 것 같은데요.

제3과 **外食** | 외식

연 습 문 제

 아래 회화 다음에 오는 말 중 <u>부적절한 것</u>을 3개 중에 하나 고르시오.

❶ お決まりですか？

① 私、この８５０円のランチで。
② はい、かしこまりました。
③ まどか、イチゴショート。

❷ 夕(ゆう)べは、ごちそうさまでした。

① いえ、誘(さそ)ったのは私ですから。
② いえ、また食べに行きましょう。
③ はい、どうも。

❸ 僕(ぼく)がおごるよ。

① はい、お願いします。
② すみません。ごちそうになります。
③ ありがとうございます。ごちそうさまでした。

85

시츄에이션 일본어 회화

 회화에 나오는 단어

あ行

アイス …………………………… 차가운 것
イチゴショート
　………… 딸기 쇼트케이크(케이크 이름)
インドカレー ………………… 인도 카레
大盛(おおも)り ………………… 곱빼기
おごる …………………… 한턱 내다, 쏘다
おさしみ盛(も)り合(あ)わせ …… 모듬 회
お礼(れい) …………………… 감사 인사
お子様(こさま)ランチ ‥어린이 런치세트
落(お)とす …………………… 떨어뜨리다
オレンジジュース ………… 오렌지 주스

か行

カード …………………………… 카드
会計(かいけい)
　………… 가게에서 돈을 지불하는 것.
勘定(かんじょう) …… 돈을 계산하는 것.
喫煙席(きつえんせき) ………… 흡연석
禁煙席(きんえんせき) ………… 금연석
ケーキ …………………………… 케이크
現金(げんきん) ………………… 현금
こぼす …………………………… 흘리다
ごちそうする ……… 한턱 내다, 대접하다

さ行

サイダー ………………………… 사이다
座席(ざせき) …………………… 자리
サラダのドレッシング …… 샐러드 드레싱
支払(しはら)い ………………… 지불

スタミナ定食(ていしょく) 스테미너 정식
セット …………………………… 세트
先輩(せんぱい) ………………… 선배
そば ……………………………… 메밀
ソフトドリンク ………… 소프트 드링크

た行

頼(たの)む …부탁하다, (음식을)시키다
単品(たんぴん) ………………… 단품
注文(ちゅうもん) ……………… 주문

は行

パン ……………………………… 빵
ホット ………………………… 뜨거운 것

ま行

ミルクティー ………………… 밀크티

や行

夕(ゆう)べ ……………………… 저녁
洋風(ようふう) ………………… 서양식

ら行

ライス …………………………… 라이스
ランチ …………………………… 점심
レシート ………………………… 영수증
レモンティー ………………… 레몬티

わ行

和風(わふう) …………………… 일본식

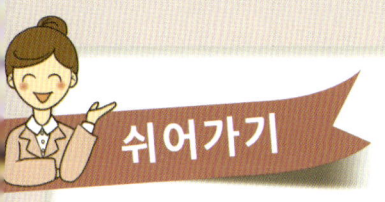

ほうげん

関西(かんさい) 지역에서는 식당에서 나갈 때, 가게 점원에게 「ありがとう。감사합니다.」라든가 「ごちそうさま。잘 먹었습니다.」라는 인사를 자주 합니다. 関西(かんさい) 지방에서는 「ありがとう」은 「と」에 악센트 핵이 있어서 억양이 다릅니다. 또한 京都(きょうと)지방에서는 「ありがとう」를 「おおきに」라고 합니다. 또한 「ごちそうさま。」는 「ごちそうさん。」「ごっそさん。」라고 합니다.

점원 ありがとうございました。
감사합니다.

ゆうちゃん ありがとう。
감사합니다. (표준어 : 「り」에 악센트 핵이 있다.)

ごちそうさん。
잘 먹었습니다. (표준어 : ごちそうさま。)

ことわざ

일본의 속담(ことわざ)과 관용구(慣用句, かんようく)가 회화에서 어떻게 쓰일까요? 3과에서는 「三度目の正直」와 「二度あることは三度ある」두 가지입니다. 동영상을 보고 회화문을 확인해봅시다.

姉1 結婚祝儀どろぼうだよねえ。
결혼 축의금 도둑이야.

妹 まったく、何回結婚すれば気がすむのよ。
진짜 몇 번 결혼해야 직성이 풀리는 거야.

姉2 「三度目の正直」って言ってた。
'세 번째는 확실하다'라고 하더라.

姉1 「二度あることは三度」の間違いじゃないの？
ま、だめになるのも時間の問題でしょ。
'두 번 있는 일은 세 번 있다' 고 말하고 싶은 거 아니야? 아마 실패하는 것도 시간 문제겠지.

「하나와가의 네자매」1회 0:00∼0:33

MEMO

제4과

待ち合わせ(まちあわせ) | 약속

학습내용

シチュエーション 1 待ち合わせ場所(ばしょ)で | 약속 장소에서

シチュエーション 2 待ち合わせ時間(じかん)におくれるとき | 약속 시간에 늦었을 때

シチュエーション 3 呼(よ)び出(だ)す | 불러낼 때

학습목표

- 약속 장소에서의 대화, 주로 약속 시간에 늦었을 때, 또는 상대가 늦었을 때의 대화, 또한 상대를 불러냈을 때의 회화를 배웁니다.
- 대화상대에 따라서 존댓말과 반말의 사용법에 대해 상황별로 학습한다.

시츄에이션 일본어 회화

シチュエーション 1　待ち合わせ場所で | 약속 장소에서

　정중한 표현

A　すみません、お待たせして。
　　죄송합니다. 기다리게 해서.

B　いえ、ぼくも今、来たところですよ。
　　아니요, 저도 방금 왔어요.

A　電車(でんしゃ)に乗(の)りまちがえちゃって。
　　전철을 잘못 타는 바람에.

B　そうだったんですか。電話をしてもつながらなくて。
　　그러시군요. 전화해도 안 받으셔서.

A　すみません。電源(でんげん)切(き)ってたんです。
　　죄송합니다. 전원을 꺼 놨어요.

B　(손시계 보고) あ、いそがなきゃ。行きましょう。
　　아, 서둘러야겠네요. 갑시다.

제4과 **待ち合わせ** | 약속

친한 사이끼리는 어떻게 말하면 될까요?

 회화 2 친한 사이

A お待たせ。
   오래 기다렸지.

B おはよ。
   왔어?

A おはよ。
   응, 안녕.

B いこっか。
   가자.

A じつは急(きゅう)に用事(ようじ)ができちゃって。
   실은 갑자기 일이 생겨서.

B え、そうなんだ。ざんねん。
   아, 그래? 어쩔 수 없네.

남녀가 첫 데이트 약속을 하고 여자가 늦게 도착하는 장면입니다.

 약속 장소에서 1

「행복해지자」 4 회 30:11~31:26

春奈 小松原さん！お待たせしました。電車がおくれちゃって。
고마쓰바라씨! 기다리게 해서 죄송합니다. 열차가 늦어지는 바람에.

小松原(こまつばら) いいえ、全然(ぜんぜん)。すみません、何度(なんど)か電話をかけてしまいました。
아니요, 괜찮습니다. 죄송합니다. 전화를 몇 번이나 했네요.

시츄에이션 일본어 회화

春奈 すみません。電源(でんげん)切(き)ってたんです。せっかくのデートを、じゃまな電話がかかってくると嫌(いや)なので。
죄송합니다. 전화기를 꺼 놨어요. 모처럼 하는 데이트인데 전화 때문에 방해 받기 싫었거든요.

小松原 せっかくのデートですもんね。
그렇죠. 모처럼 하는 데이트네요.

春奈 それって、もしかして私に？
그거 설마 나 주려고?

小松原 え、いや、そうなんですけど。さっき、落としてしまいまして。
아 아니, 그렇긴 한데. 아까 오다가 떨어뜨려서요.

春奈 ください。
주세요.

小松原 え？
네?

春奈 うれしいですから。
좋아서요.

小松原 いえ、でも、もうこんなんなってしまいましたし。
아니, 그래도 이렇게 엉망인데.

春奈 ありがとうございます。あ、いそがなきゃ。こまつばらさん、行きましょ。
감사합니다. 아, 서둘러야겠어요. 고마쓰바라씨, 가요.

小松原 はい。
네.

다음은 약속 장소에서 친한 친구끼리 인사하는 장면입니다.

 약속 장소에서 2

「호타루의 빛」 6회 06:59~

女 お待たせ。
오래 기다렸지.

제4과 **待ち合わせ** | 약속

男 おはよ。
왔어?

女 おはよ。
응, 안녕.

男 いこっか。
가자.

 약속 장소에서 3

「프리터 집을 사다」 5회 16:55~

男1 かずひこ、ここ。
가즈히코, 여기야.

男2 ごめん、ごめん。待った？
미안미안. 기다렸지?

男1 遅(おそ)いよ。
왜 이렇게 늦어.

다음은 여자가 남자를 불러서 약속 장소에 여자가 먼저 와 있는 장면입니다.

 약속 장소에서 4

「행복해지자」 5회 28:15~29:43

男 すみません、おそくなってしまいまして。
죄송합니다. 늦었네요.

女 こちらこそ、突然(とつぜん)お誘(さそ)いしてすみません。
저야말로 갑자기 불러내서 죄송해요.

男 いや、全然。むしろ、うれしいです。昨日も会えて、また今日も会えるなんて。
아니요, 전혀 상관없어요. 오히려 좋네요. 어제도 보고 오늘도 볼 수 있다니.

93

 시츄에이션 일본어 회화

다음은 남녀가 점심을 같이 먹자고 약속을 하고 만나는 장면입니다.

 약속 장소에서 5

「행복해지자」 8 회 13:59~15:14

男 すみません、お待たせして。
죄송합니다. 기다리게 해서.

女 いいえ。あの、ご飯なんですけど、この近くにおいしい焼き鳥のお店があるって、、。
아니에요. 저기 식사 말인데요, 이 근처에 맛있는 꼬치구이 집이 있는데.

男 あの、やなぎさわさん。
저기, 야나기사와씨.

女 はい。
네.

男 もうしわけないんですけど、今日、都合(つごう)悪(わる)くなっちゃって。
죄송한데 오늘은 상황이 좀 안 좋아서요.

女 そうなんですか。
그러시군요.

제4과 待ち合わせ | 약속

シチュエーション 2　待ち合わせ時間に遅(おく)れるとき | 약속시간에 늦었을 때

약속 시간에 늦었을 때 전화로 상대에게 어떻게 말하면 될까요?
다음은 약속 장소에 남자는 먼저 도착해 있고 여자가 늦겠다고 남자에게 전화를 거는 장면입니다.

친한 사이

女　もしもし、もう着(つ)いた？
　　　여보세요. 벌써 도착했어?

男　うん。
　　　응.

女　ごめん、ちょっと遅(おく)れそう。
　　　미안. 좀 늦을 거 같아.

男　今、どこ？
　　　지금 어디야?

女　今、渋谷(しぶや)。
　　　지금 시부야.

男 じゃあ、改札口(かいさつぐち)で待ってるから。
그럼 개찰구에서 기다릴게.

女 うん、分かった。
응. 알았어.

 정중한 표현

女 もしもし、すみません、10分ぐらい遅(おく)れそうなんですが。
여보세요. 죄송하지만 10분 정도 늦을 것 같은데요.

男 そうですか。じゃあ改札口(かいさつぐち)で待ってますので。
그래요? 그럼 개찰구에서 기다리고 있겠습니다.

女 分かりました。どうもすみません。
알겠습니다. 정말 죄송합니다.

제4과 **待ち合わせ** | 약속

シチュエーション 3　**呼び出す** | 불러낼 때

회화 5

A 今、近(ちか)くまで来てるんだけど、今から会えない？
지금 근처에 왔는데 좀 만나지 않을래?

B え、今？今はちょっと。
응? 지금? 지금은 좀 그런데.

A そう、残念(ざんねん)。じゃあ、また今度(こんど)ね。
그래? 아쉽다. 그럼 다음 기회에.

B うん。またね。
응. 다음에 봐.

회화 6

A すみません、忙(いそが)しいのに呼(よ)び出(だ)しちゃって。
죄송합니다. 바쁘신데 불러내서.

B いえ。それで、お話(はなし)っていうのは、何でしょうか？
아니요. 그런데 하실 말씀이란 게 무엇인가요?

장인이 사위에게 전화를 해서 밖에서 만나자고 부탁하는 장면입니다.

　　불러낼 때 1

「귀가일기」 9회 21:34~

(전화벨)

婿(むこ)　お父さん、どうしたんですか？
아버님, 무슨 일이세요?

97

시츄에이션 일본어 회화

義父(ぎふ) ちょっと相談(そうだん)があるんだけど、今から会えない？
상담할 게 있는데 지금 만날 수 있나?

婿 あー、いや、今はちょっと。
아 아니요. 지금은 좀.

義父 頼(たの)む。なんとか出てきてよ。さなえには内緒(ないしょ)にね。
부탁이네. 어떻게든 좀 나와봐. 사나에한테는 비밀로.

婿 え？
네?

さなえ あなたーはやく〜。
당신 빨리〜〜〜

婿 あー、すぐ行く。やっぱり今はちょっと。
아~ 지금 가. 아무래도 지금은 좀.

義父 一生(いっしょう)のお願(ねが)い。駅前(えきまえ)の「アランチオ」っていう喫茶店(きっさてん)で待ってるから。ね。
내 평생 부탁이네. 역 앞에 "알란치오"라는 커피숍에서 기다릴게. 기다린다.

다음은 만나자고 불러서 둘이 만나는 장면입니다.

 **불러낼 때 2**

「행복해지자」 10회 28:27〜

男1 すみません。お忙(いそが)しいのにお呼(よ)びしちゃって。
죄송합니다. 바쁘신데 불러내서.

男2 いや、お元気(げんき)そうで何(なに)よりです。
아니요. 건강하신 것 같아서 다행입니다.

제4과 **待ち合わせ** | 약속

다음은 사람을 불러냈을 때 장면입니다.

 불러낼 때 3

「귀가일기2」 4회 17:32~

女	こんにちは。
	안녕하세요.
尼さん	あ、いらっしゃったわ。
	아 오셨네요.
女	なんか、みなさん、お話(はなし)っていうのは、なんでしょうか？
	여러분, 다 함께 오셨네요. 할 말이 무엇인가요?
尼さん	ま、そこへお座(すわ)りになって。
	우선 거기에 앉으세요.
女	はい。
	네.

남자가 여자를 몰래 기다린 장면입니다.

 몰래 기다릴 때

「행복해지자」 11회 01:45~

男	やなぎさわさん。
	야나기사와씨.
女	何(なん)の用(よう)ですか。
	무슨 일이에요?
男	話(はな)したいことがあって。
	하고 싶은 말이 있어서.
女	私にはありません。
	저에게는 없습니다.
男	じゃ3分。1分でもいいです。
	그럼 3분만. 1분만이라도 좋아요.

시츄에이션 일본어 회화

ポイント・チェック

シチュエーション 1 | 待ち合わせ場所で | 약속 장소에서

1 すみません、お待たせして。　　죄송합니다. 기다리게 해서.
電車(でんしゃ)に乗(の)りまちがえちゃって。　열차를 잘 못 타서.

해설
- 「すみません、お待たせして。」는 상대가 먼저 약속 장소에 도착하고 자신이 나중에 왔을 때 상대에게 하는 말.
  예)「お待たせしました」(오래 기다리셨죠.)
- 「電車に乗りまちがえちゃって。」는 「電車に乗りまちがえてしまって。」라는 뜻으로 「～ちゃう」는 「～てしまう」의 구어체 표현.

2 すみません。電源(でんげん)切(き)ってたんです。
죄송합니다. 전원을 꺼 놨어요.

해설 「電源切ってたんです」는 「電源を切っていたんです」라는 뜻이다.
「～ている」가 회화에서는 「い」가 잘 생략되어 「～てる」가 된다.

표현1 이유를 설명할 때의 표현
　　　A : ＿＿＿＿＿＿＿んですか。
　　　B : ＿＿＿＿＿＿＿んです。

문법체크

- 동사, 형용사의 기본형 + んです。
- 명사 + なんです。
  예) A : どうして食べないんですか。　왜 안 먹어요?
  　　B : おなかが痛(いた)いんです。　배가 아파서요.
  예) A : 今日は仕事(しごと)に行かないんですか。　오늘은 일하러 가지 않나요?
  　　B : はい、今日はお休(やす)みなんです。　네, 오늘은 쉬는 날이에요.

제4과 待ち合わせ | 약속

3 あ、いそがなきゃ。行きましょう。　　아, 서둘러야겠다. 갑시다.

> 해설 「いそがなきゃ」는 「いそがないと（いけない）」라는 뜻.

문법체크

- ＿＿＿＿＿なきゃ。（＝～ないと（いけない）。）
  ～해야겠다/～해야 해.（＝～해야만 한다.）

예) 行かなきゃ。(行かないと(いけない)。)　　　　가야겠다.
　　もう帰らなきゃ。(もう帰らないと(いけない)。)　집에 가야겠다.
　　これ、買わなきゃ。(これ、買わないと(いけない)。)　이거 사야 해.
　　早く食べなきゃ。(早く食べないと(いけない)。)　빨리 먹어야 해.

표현2 늦었을 때 사과하는 표현

- お待たせしました。電(でんしゃ)がおくれちゃって。
  　　　　　　　　　오래 기다리셨죠. 열차가 늦어져서.
- すみません、遅(おそ)くなってしまいまして　죄송합니다. 늦었어요.
- すみません、お待たせして。　　죄송합니다. 기다리게 해서.

응답표현
사과를 하는 상대에게 우선 「いいえ（아니요）」라고 말하고 상대를 배려합니다.

- いいえ。아니요.（회화에서는 「いえ。」로 짧아지는 경우가 많다.）
- いいえ、だいじょうぶです。　　　아니요, 괜찮습니다.
- いいえ、私も今(いま)来(き)たところです。　아니요, 저도 지금 왔어요.

자신이 불렀을 때

- いいえ。こちらこそ急(きゅう)にお呼(よ)びして、すみません。
  아니요. 저야말로 급하게 불러내서 죄송합니다.

시츄에이션 일본어 회화

- こちらこそ、突然(とつぜん)お誘(さそ)いしてすみません。
  저야말로 갑자기 불러내서 죄송합니다.

표현3 사과하는 표현

すみません、_____てしまって。　죄송합니다. _____해서.

예) すみません、書類(しょるい)を忘(わす)れてしまって。
　　　　　　　　　　　　　죄송합니다. 서류를 잊어버려서.

예) すみません、電車(でんしゃ)に乗(の)り遅(おく)れてしまって。
　　　　　　　　　　　　　죄송합니다. 열차를 놓쳐서.

예) すみません、ご一緒(いっしょ)できなくなってしまって。
　　　　　　　　　　　　　죄송합니다. 같이 가지 못해서.

（＝一緒(いっしょ)に行けなくなってしまって。함께 가지 못해서）

4 A：お待たせ。　오래 기다렸지.
　　B：行こっか。갈까.

해설
- 친한 사이일 경우「お待たせ」외에도「待った？」,「お待ちどうさま」등이 있다.
- 「行こっか」는「行こうか」에서「うか」가「っか」로 변화한 형태.
  「っか。」는 회화에서 자주 사용한다.
  예) A：何しよっか。（＝しようか）: 뭐 할까?
  　　B：じゃあ、映画(えいが)みよっか。（＝みようか）: 그럼 영화볼까.
  예) A：もうこんな時間だ。벌써 이런 시간이네.
  　　B：そろそろ帰ろっか。（＝帰ろうか。）슬슬 갈까.

5 A：じつは急(きゅう)に用事(ようじ)ができちゃって。
　　　　　　　　　　　실은 갑자기 일이 생겨서.
　　B：え、そうなんだ。ざんねん。　아, 그래? 어쩔 수 없네.

해설「急(きゅう)に用事(ようじ)ができちゃって」는「急(きゅう)に用事(ようじ)ができてしまって」라는 뜻.「～ちゃう」는「～てしまう」의 구어체.

제4과 **待ち合わせ** | 약속

표현4 예정을 변경하는 이유를 설명하는 표현

_____ちゃって。 ~해서.

<구체적이지 않은 이유일 경우>
- 都合(つごう)が悪(わる)くなった。　　⇒ 都合が悪くなっちゃって。
  상황이 안 좋아졌다.　　　　　　　　　상황이 안 좋아져서.
- 急用(きゅうよう)が{入った/できた}。
  　　　　　　　　　　　　⇒急用が {入っちゃって/できちゃって}。
  급한 일이 {들어왔다/생겼다}.　　급한 일이 {들어와서/생겨서}.
- 急(きゅう)に/突然(とつぜん)、用事(ようじ)が {入った/できた} 。
  급히/갑자기, 일이 {들어왔다/생겼다} .
  　　　　　⇒ 急に/突然、用事が{入っちゃって/できちゃって}。
  　　　　　　급히/갑자기, 일이 {들어와서/생겨서} .

응답표현
- そうですか。　　　　　　　　　그렇습니까?
  そうなんですか。　　　　　　　그런가요?

- わかりました。　　　　　　　　알겠습니다.
  仕方(しかた)ないですね。　　　 어쩔 수 없네요.
  残念(ざんねん)ですね。　　　　아쉽네요.
  じゃあ、また今度(こんど)にしましょう。 그럼 다음에 갑시다.

シチュエーション 2　약속시간에 늦었을 때

6 ごめん、ちょっとおくれそう。　　　미안, 좀 늦을 것 같아.

해설 「おくれそう」는 「おくれそうだ(늦을 것 같다)」에서 「だ」를 생략한 형태.

시츄에이션 일본어 회화

7 すみません、10分ぐらいおくれそうなんですが。 죄송합니다. 10분 정도 늦을 것 같은데요.

해설
- 「おくれそうなんですが」는 뒤에「だいじょうぶですか」「どうしましょうか」라는 표현이 생략되었다.
- 「～んですが」는 뒤에 부탁이나 허가를 요청하는 표현을 생략하고 상대에게 부탁이나 허가의 뜻을 전한다.

표현5 「～んですが」만으로 상대에게 부탁이나 허가의 뜻을 전달하는 표현
예) 明日の行事(ぎょうじ)、参加(さんか)したいんですが、…(参加してもいいですか。) 내일 행사에 참가하고 싶은데요. (참가해도 되나요?)
예) あのう、ファックスの使(つか)い方(かた)がよく分からないんですが、…（教えてくださいませんか。）
저기, 팩스 사용법을 잘 모르겠는데(가르쳐주시지 않겠습니까?)

シチュエーション 3　불러낼 때

상대에게 하고 싶은 말이 있을 때 불러서 오게 하는 것을「呼び出す」라고 합니다.「하고 싶은 말이 있다」는「話がある」라고 합니다.

8 A：今、近(ちか)くまで来てるんだけど、今から会えない？
　　　　　　　　　　　근처에 왔는데 지금 만날 수 있어?
B：え、今？今はちょっと。　　지금? 지금은 좀.

표현6 상대를 불러내는 표현
＿＿＿＿＿＿＿んだけど、今から会えない？ ～있는데 지금만날수있어?
예) 近くまで来てるんだけど、今から会えない？
　　　　　　　　　　　근처에 왔는데 지금 만날 수 있어?

제4과 **待ち合わせ** | 약속

예) 今、学校なんだけど、今から会えない？
　　　　　　　　　　　　　　　지금 학교인데 지금 만날 수 있어?
예) 話があるんだけど、今から会えない？
　　　　　　　　　　　　　　　할 말이 있는데 지금 만날 수 있어?

응답표현:
(YES)
- いいよ/分かった。どこに行けばいい？ 좋아/ 알았어. 어디로 가면 돼?

(NO)
- 今はちょっと。　　　　　　　　　　지금은 좀.
- ごめん。今、時間ないんだよね。　　미안. 지금 시간이 없어.
- 悪(わる)いけど、また今度。　　　　미안한데 다음에 보자.

표현7 불러내는 상대에게 자신이 기다리고 있는 장소에 대해 가르쳐주는 표현.

_____っていう_____で待ってるから。
　　　　　　　　　　___라고 하는___에서 기다리고 있을게.
　　　　_____待ってますので。　　_____에서 기다리고 있겠습니다.

예) 浅草(あさくさ)っていう駅(えき)のホームで待ってるから。
　　　　　　　　　　　　　아사쿠사 역 홈에서 기다리고 있을게.
예) 家の前のイタリアンっていうスパゲッティのお店で待ってるから。
　　　　　　　집 앞 이탈리안이라는 스파게티 집에서 기다리고 있을게.
예) ホテルの１階(いっかい)の「わたみ」っていう居酒屋(いざかや)で待ってるから。　　호텔 1층 '와타미'라는 술집에서 기다릴게.

105

시츄에이션 일본어 회화

9 불러낸 사람 : すみません。お忙(いそが)しいのにお呼(よ)びしちゃって。
　　　　　　　　　　　　　　　　　죄송합니다. 바쁘신데 불러내서.

　나오는 사람 : お話っていうのは、なんでしょうか。
　　　　　　　　　　　　　　　　　하실 말씀은 무엇인가요?

> 해설 (친한 사이)
> 불러낸 사람 : ごめん。忙しいのに呼び出しちゃって。
> 　　　　　　　　　　　　　미안해. 바쁠 텐데 불러내서.
> 나오는 사람: 話って、なに？　　할 말이 뭐야?

10
- どうしたんですか。
- 何かご用(よう)ですか。　　　무슨 일이세요?
- 何の用ですか。（강한 말투)

> 해설 만나기로 약속하지 않고 상대가 올 때까지 숨어서 기다리는 것을 「待ち伏せ(まちぶせ)」라고 합니다. "무슨 일이세요?"라고 할 경우, 일반적으로는 「どうしたんですか。」「何かご用ですか。」라고 합니다. 「何の用ですか。」는 강한 말투입니다.

これ、知ってる？

열차나 버스 안내 멘트에서 자주 나오는 말입니다. 일본어를 한국어로 바꿔 봅시다.

〈열차 안내 멘트〉
① 次(つぎ)、右側(みぎがわ)/左側(ひだりがわ)のドアが開(ひら)きます。
② 次(つぎ)は○○です。○○線(せん)は乗(の)り換(か)えです。
③ ○○行(ゆ)きは、向(む)かいの電車(でんしゃ)にお乗(の)り換(か)えください。

제4과 待ち合わせ | 약속

④ ○○駅(えき)へお急(いそ)ぎの方(かた)は、次(つぎ)の○○駅(えき)で快速(かいそく)/急行(きゅうこう)/特急(とっきゅう)にお乗(の)り換(か)えください。

〈버스의 차내 안내멘트〉

① 毎度(まいど)、○○バスをご利用(りよう)くださいまして、ありがとうございます。このバスは○○経由(けいゆ)、○○行(ゆ)きです。途中(とちゅう)、お降(お)りの方(かた)は、車内(しゃない)のブザーでお知(し)らせ願(ねが)います。

② 次(つぎ)はみなみ町(ちょう)二丁目(にちょうめ)、みなみ町(ちょう)二丁目(にちょうめ)でございます。みなみ総合病院(そうごうびょういん)へお出(いで)での方(かた)は、こちらでお降(お)りください。

③ やむを得(え)ず急(きゅう)ブレーキをかけることがございます。お立(た)ちの方(かた)は、つり革(かわ)や手(て)すりにしっかりおつかまりください。

정답

〈열차 안내 멘트〉
① 다음은 오른쪽/왼쪽 문이 열립니다.
② 다음 역은 ○○입니다. ○○선으로 갈아타실 수 있습니다.
③ ○○로 가시는 분은 건너편 승강장 열차로 갈아타시기 바랍니다.
④ ○○역으로 서둘러 가시는 분은 다음 ○○에서 쾌속/급행/특급열차로 갈아타시기 바랍니다.

〈버스의 차내 안내멘트〉
① 매번 ○○버스를 이용해주셔서 감사합니다. 이 버스는 ○○를 경유하는 ○○행 버스입니다. 중간에 내리실 분은 차내 하차버튼을 눌러주십시오.
② 다음은 미나미마치 산쵸메, 미나미마치 산쵸메입니다. 미나미 종합병원으로 가시는 분은 여기서 하차하시기 바랍니다.
③ 어쩔 수 없이 급 브레이크를 밟는 경우가 있습니다. 서 계신 분들은 손잡이를 꼭 잡으시기 바랍니다.

시츄에이션 일본어 회화

こんなとき、どう言う？

  다음은 교통과 관련된 표현입니다. 한국어를 일본어로 바꿔봅시다.

① 걸어서 가다.
② 버스를 타고 가다.
③ 토쿄역에서 지하철에서 JR로 갈아타다.
④ 버스를 잘 못 타다.
⑤ 요금이 모자라다.
⑥ 길이 막히다.
⑦ 버스가 1시간에 4대있다.

정답

① 歩(ある)いて行(い)く。
② バスに乗(の)って行く。
③ 東京駅(とうきょうえき)で地下鉄(ちかてつ)からJRに乗(の)り換(か)える。
④ バスを乗(の)り間違える。
⑤ 料金(りょうきん)が足(た)らない。
⑥ 道(みち)が込(こ)んでいる/渋滞(じゅうたい)している。
⑦ バスが１時間に４本ある。

설명 : ⑦ 단순히 버스가 몇 대 있는지 말할 때는「バスの台数(だいすう)」라고 하는데, 버스 운항편이 얼마나 있는지 표현할 때는「バスの本数(ほんすう)」라고 합니다.

회화연습

약속 시간에 조금 늦을 것 같습니다. 상대에게 전화로 뭐라고 하면 될까요?

すみません、10分(じゅっぷん)ぐらい遅(おく)れそうなんですが。
죄송하지만 10분 정도 늦을 것 같은데요.

제4과 **待ち合わせ** | 약속

연습문제

 아래 회화 다음에 오는 말 중 부적절한 것을 3개 중에 하나 고르시오.

❶ (待ち合わせ場所で)すみません、お待たせして。

① こちらこそ、突然(とつぜん)お誘(さそ)いしてすみません。
② いいえ、全然(ぜんぜん)。
③ はい、お待たせしました。

❷ もうしわけないんですけど、今日、都合(つごう)悪(わる)くなっちゃって。

① 分かりました。どうもすみません。
② そうなんですか。残念(ざんねん)ですね。
③ そうですか。じゃあ、また今度にしましょう。

❸ すみません。忙(いそが)しいのに呼(よ)び出(だ)しちゃって。

① いえ。それでお話というのは、何でしょうか？
② こちらこそおくれてすみません。
③ 話したいことがあって。

109

시츄에이션 일본어 회화

회화에 나오는 단어

か行

改札口(かいさつぐち) ·· 개찰구, 개표소

さ行

じゃま ··· 방해, 장애, 훼방

た行

都合(つごう)が悪(わる)い ·· 상황이 좋지 않다
電源(でんげん) ·· 전원

な行

乗(の)りまちがえる ··· 잘 못 타다

ま行

待(ま)ち合(あ)わせ ······(시일·장소를 정해 놓고) 거기서 상대를 기다림. 약속
待(ま)ち伏(ぶ)せ ·· 숨어서 기다림

や行

焼(や)き鳥(とり) ··· 꼬치구이

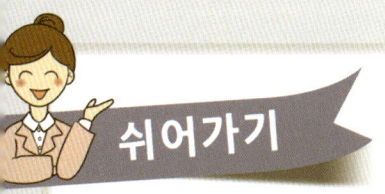
ほうげん

부정형 「～ない」를 関西(かんさい)지방에서는 「～へん」라고 합니다. 「どないしたん？」은 「どうしたの？」라는 뜻입니다.

ともちゃん もしもし。
여보세요.

ゆうくん もしもし。
여보세요.

ともちゃん 急(きゅう)に用事(ようじ)が入(はい)っちゃって。
갑자기 일이 생겨서.

ゆうくん どないしたん？今日、会(あ)えへんの？
왜 그래? 오늘 못 만나? （표준어：どうしたの？今日、会えないの？）

ともちゃん うん。ごめん。
응, 미안.

ゆうくん 残念(ざんねん)やな。
아쉽네. （표준어：残念だな。）

ことわざ

일본의 속담(ことわざ)과 관용구(慣用句, かんようく)가 회화에서 어떻게 쓰일까요? 4과에서는 「油断(ゆだん)は大敵(たいてき)(방심이 가장 큰 적이다.)」입니다.

男 このセリフが出たら、要注意(ようちゅうい)です。
「そんなに俺(おれ)が信じられないのか。」
이 말이 나오면 주의해야 합니다. '그렇게 나를 못 믿어?'

みんな そんなに俺が信じられないのか。
그렇게 나를 못 믿어?

男 これを言う男は、まず8割方(はちわりがた)、浮気(うわき)してますね。
이렇게 말하는 남자 적어도 80%정도는 바람피는 거예요.

女1 へ～なんかワクワクしてきた。絶対(ぜったい)にしっぽつかんでやる。
뭔가 흥분되는데? 꼭 잡아내고 말거야.

女2 盛(も)り上がってどうするんですか。
즐거워하면 어떻게 해요.

女1 あ、新しいものが好きな性質(たち)で。
아, 새로운 걸 좋아하는 성격이라서.

女3 でも、浮気してないに越(こ)したことはないし。
그래도 바람을 안 피는 게 제일 좋잖아요.

男 甘い！暴(あば)いてやるくらいの姿勢で臨(のぞ)まないと、見抜(みぬ)くものも見抜けないですよ。
안돼요! 꼭 밝혀내겠다는 자세로 임해야지, 안 그러면 찾아낼 것도 못 찾아요.

女1 そうよ。油断(ゆだん)は大敵(たいてき)なのよ。
그래요. 방심이 가장 큰 적이죠.

「귀가일기」3화 13:33～14:09

제5과

買(か)い物(もの) | 쇼핑

학습내용

シチュエーション 1 店員とのやりとり | 점원과의 대화
シチュエーション 2 えらぶ | 고를 때
シチュエーション 3 会計 | 계산

학습목표

- 가게에서 물건을 살 때 사용하는 간단한 점원과의 대화나 함께 쇼핑을 하는 사람과 물건을 고를 때의 대화, 물건을 찾을 때 점원과의 대화를 중심으로 상대와 장면에 맞는 표현을 적절히 사용할 수 있는 능력을 기른다.

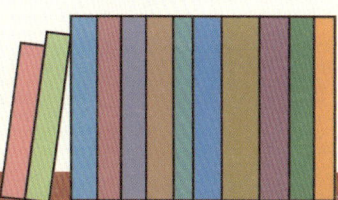

시츄에이션 일본어 회화

シチュエーション 1　　店員とのやりとり | 점원과의 대화

　　여기에서는 가게에서 점원과의 대화에 대해 공부합니다.

　　가게에 들어가면 점원이 뭐라고 합니까? 「いらっしゃいませ。」「いらっしゃい。」라고 하죠.

　　다음은 「ケーキ屋(や)さん(케이크 가게)」에서 케이크를 사는 장면입니다.

회화 1

店員(てんいん)　いらっしゃいませ。
　　　　　　　어서 오세요.

客(きゃく)　えっとー、モンブラン一つと ガトーショコラ 二つください。
　　　　　　몽블랑이랑 가또 쇼콜라주세요.

店員(てんいん)　かしこまりました。
　　　　　　　알겠습니다.

제5과 **買い物** | 쇼핑

다음은 점원이 물건을 권하는 장면입니다.

店員(てんいん)	何か お探しですか？
	찾으시는 거 있으세요?
客(きゃく)	ええ、誕生日プレゼントなんですけど。
	네, 생일 선물 할 건데요.
店員(てんいん)	こちらなんか いかがですか。
	이건 어떠세요?
客(きゃく)	う～ん。デザインは いいんですけど、色が ちょっと。
	음, 디자인은 좋은데 색이 좀 별로.
店員(てんいん)	それなら、こちらは いかがでしょうか。
	그럼 이건 어떠세요?
客(きゃく)	ああ、いいですね。
	아, 좋네요.

다음은 물건을 주문하는 장면입니다.

客(きゃく)	すみません。これの Mサイズ ありますか。
	실례합니다. 이거 M사이즈는 없나요?
店員(てんいん)	もうしわけ ございません。Mサイズは 品切(しなぎ)れして おりまして。
	죄송합니다. M사이즈는 지금 품절입니다.
客(きゃく)	そうですか。取(と)り寄(よ)せ できますか。
	그래요? 주문할 수 있나요?
店員(てんいん)	はい。じゃあ、こちらに お名前(なまえ)と ご連絡先(れんらくさき)を ご記入(きにゅう)ください。
	네, 그럼 여기에 이름과 연락처를 써 주세요.

시츄에이션 일본어 회화

客(きゃく) あの、来週(らいしゅう)の 水曜日(すいようび)に 来(こ)よう と 思(おも)うんですけど。
다음 주 수요일에 올까 하는데요.

店員(てんいん) 水曜日(すいようび)ですね。お取(と)り置(お)き して おきます。
수요일이요? 챙겨두도록 하겠습니다.

「いらっしゃいませ」는 가게에서만 사용합니다. 다음은 아르바이트생이 점장한테 「いらっしゃいませ」의 발음 지도를 받고 있는 장면입니다.

 いらっしゃいませ

「프리터 집을 사다」1회 15:11〜15:35

バイト らっしゃっせー。
어서오세요.

店長 「らっしゃっせー。」じゃなくて、「いらっしゃいませ。」「いらっしゃい。」「い、ら」
「らっしゃっせー。」가 아니라 「いらっしゃいませ。」「いらっしゃい。」「い、ら」

バイト わかりやしたー。
わかりやしたー。

店長 「わかりやしたー。」じゃなくて、「わかりました。」
「わかりやしたー。」가 아니라 「わかりました。」

バイト わかりました。
알겠습니다.

 직원과의 대화 1

「호타루의 빛」4話 11:49〜12:06

店員 何か お探(さが)しですか?
찾으시는 것 있으세요?

女 ええ、お誕生日(たんじょうび)プレゼントを。ちょっと 年下(としした)の 彼(かれ)なんですけど。
네, 생일선물이요. 연하 남자친구한테 줄 건데요.

제5과 **買い物** | 쇼핑

店員 こちらなど どうです？
이건 어떠세요?

女 ああ、いいですね。
아, 좋네요.

 점원과의 대화 2

「행복해지자」 5회 38:02~38:13

客 すみません。あの、ファッション関係の雑誌は…？
실례합니다. 패션 관련 잡지는 어디에…？

店員 あ、そちらに。
아, 저쪽에 있습니다.

 점원과의 대화 3

「행복해지자」 3話 25:08~25:22

客 あの、岡部壮介(おかべ そうすけ)さんの画集(がしゅう)は？
저기요. 오카베 소스케씨 그림집은 어디 있나요?

店員 もうしわけありません。こちらに なければ 売(う)り切(き)れかと。
죄송합니다. 여기에 없으면 다 팔린 겁니다.

客 あ、そうですか。
그래요?

 점원과의 대화4

「귀가일기」 6회 22:02~22:22

店員 いらっしゃいませ。
어서 오세요.

客 あのー、ナルティエの トリプル リングってありますかね？
저기, 나르티에 트리플링 있나요?

店員 あいにく、トリプルリングは品切(しなぎ)れしておりまして。
공교롭게도 트리플링은 지금 품절입니다.

시츄에이션 일본어 회화

客 ないんですか。取(と)り寄(よ)せとかってできますかね。
없어요? 주문하는 건 가능한가요?

점원과의 대화 5

「귀가일기」6회 23:14~24:34

客 あの すみません、トリプル リング。
저기.. 트리플링.

客 今度(こんど)こそ、おねがいします。
이번엔 제발 있었으면.

 -잠시 후-

客 うわあ、あった。あった！ あの、これください。
우와 있다. 있어! 저기요. 이거 주세요.

店員 あ、はい。ちょうど 一つ 入荷した ところです。はい、お取(と)り置(お)きして おきます。では、しつれいいたします。
네. 마침 하나 들어왔습니다. 네. 챙겨두도록 하겠습니다. 그럼 실례하겠습니다.

店員 いらっしゃいませ。
어서 오세요.

客 あ、これ これ これ これ。この ナルティエの トリプル リング ください。
이거요 이거 이거 이거. 이 나르티에 트리플링 주세요.

店員 ああ、こちらで ございますか。あいにく…
아, 이것 말씀이신가요? 안타깝게도

＜売約済(ばいやくずみ)＞
<판매종료>

客 何これ。ええっ。
뭐야 이거.

店員 もうしわけございません。ちょうど、今の 電話で 売約済(ばいやくず)みとなって しまいまして。
죄송합니다. 방금 전화로 예약이 끝났습니다.

客 うう…
으으...

제5과 **買い物** | 쇼핑

シチュエーション 2　　選ぶ | 고를 때

여기에서는 가게에서 물건을 선택할 때 쓰는 회화를 살펴봅시다.

A　どっちの コートがいいと思う？
　　어느 코트가 더 나아?

B　そうねえ。黒(くろ)だと 着(き)まわしできるし、黒のコートにしたら？
　　글쎄. 검은색이 옷 맞춰 입기가 쉬우니까 검은색 코트 사는 게 어때?

A　う～ん。でも 黒だと、いまいち ぱっとしないんだよね。
　　음, 그런데 검은색은 좀 별로인 것 같은데.

B　そうかなあ。
　　그런가?

A　ねえ、どっちが かわいい？
　　저기, 뭐가 더 예뻐?

B　う～ん。こっちかなあ。
　　음～ 이거?

119

시츄에이션 일본어 회화

A そう。でも こっちも かわいいのよね。
그래? 그런데 이것도 예쁘지?

B 安(やす)いから、二つとも 買っとけば？
저렴하니까 둘 다 사는 게 어때?

A じゃあ、そうする。
그래, 그래야겠다.

다음은 여자가 남자한테 어느 쪽이 좋은지 물어 보고 있는 장면입니다.

 물건을 고를 때 1

「행복해지자」 6회 29:23~29:34, 29:58~30:06

女 どっちが いいと 思います？
뭐가 좋아요?

高倉 どっちも いいと 思います。
둘 다 좋은 것 같은데요.

女 高倉さんが いいほうです。
다카쿠라씨가 맘에 드는 거요.

高倉 どっちも いいと 思います、本当に。
둘 다 좋아요. 정말로.

女 えらんでください。
골라 주세요.

男 こっちですね。
그럼 전 이쪽.

女 じゃ、こっちで。
그럼 이걸로.

제5과 **買い物** | 쇼핑

가족이 물건을 사러 갔을 때의 대화입니다.

 **물건을 고를 때 2**

「귀가일기」 9회 16:14~, 16:52~

妻(つま) ねえ、どっちがいいと思う？
있잖아. 뭐가 더 나은 것 같아?

夫(おっと) こっち。
이거.

妻(つま) すっごい てきとうに 答(こた)えてない？
대충 그냥 대답한 거 아니야?

妻(つま) 何か、ほしいものない？
뭐 필요한 거 없어?

夫(おっと) そういえば、くつ下(した)が たりなくなってたな。あ、こういうの いいな。
생각해보니 양말이 부족해. 아~ 이런 거 좋은데.

妻(つま) ふ～ん、こういうのが 好(この)みなんだ。
음~ 이런 거 좋아하는구나.

夫(おっと) なんか、高級感(こうきゅうかん)が あって いいだろ。
왠지 모르게 고급스럽고 좋잖아.

妻(つま) ふ～ん、でも、こっちに しとけば。
음~ 그래도 이게어때?

夫(おっと) 3足千円(さんそく せんえん)。
세 켤레 천엔.

121

시츄에이션 일본어 회화

다음은 신통치 않은 빵집에서 여자가 빵을 고르고 있는데 어떤 손님들이 들어오더니 다른 가게로 가자고 하는 장면입니다.

 **빵집에서**

「호타루의 빛」 2회 1:29~1:56

女 これと、これと、これと。焼(や)きそばパンってありますか？
이거랑 이거랑 이거. 그리고 야키소바빵 있어요?

店員 はい、ありますよ。ちょっと 待っててね。
네, 있어요. 잠깐만 기다리세요.

女 はい。
네.

客1 ここ、いまいち パッとしないんだよね。
여기 좀 별로지.

客2 そうねえ。駅(えき)の 向(む)こうまで 行く？
그러네. 역 건너편으로 갈래?

客1 行こう。
가자.

부인이 남편에게 물건을 사오라고 부탁해서 남편이 슈퍼에서 물건을 사는 장면입니다.

 **마트에서 혼자 쇼핑**

「귀가일기」 5회 14:36~15:59

夫(おっと) あった。濃縮温泉(のうしゅくおんせん)？ こんなの出てんだ。高い。安い。粉末(ふんまつ)でいっか。あとは…
여깄다. 농축온천? 이런 것도 파네. 비싸다. 싸다. 그냥 분말사지 뭐. 그리고…

(회상 장면)

妻(つま) 温泉(おんせん)と言えば、やっぱり海(うみ)の幸(さち)よねえ。
온천하면 해산물이지.

제5과 **買い物** | 쇼핑

こども	中トロ(ちゅうとろ) 참치뱃살
妻	ヒラメ 광어
妻、こども	アワビ 전복
夫	中トロ、ヒラメ、アワビ…．中トロ、高い。ヒラメ、高い。アワビ、うわっ、高い…。 참치뱃살, 광어, 전복… 참치뱃살 비싸고, 광어 비싸고 전복 비싸고.

(회상 장면)

妻	〜あとは、小さい なべね。ほら、ひとりで 固形燃料(こけいねんりょう)で、ぐつぐつ にるやつ。 그 다음엔 작은 냄비가 필요하네. 있잖아, 혼자서 고체연료로 팔팔 끓이는 거.
子供	ぐつぐつ。 팔팔
夫	ぐつぐつね。おんせん行くより 金(かね)かかるよ。 팔팔 끓이는 거. 온천 가는 거보다 돈 더 들겠다.

(전화벨)

夫	はい。 네.
妻	言いわすれたけど、旅館(りょかん)のゆかたもね。あれがないと、きぶん 出ないじゃない？ねー。 깜빡하고 말 안 했는데 여관에서 입는 유카타도. 그거 없으면 분위기가 안 나니까. 알았지?
夫	えーっ、そんなもん、売ってんの？ 그런 것도 팔아?

〈旅館のゆかた(여관용 유카타)〉라는 상품을 보고〉

夫	売ってるよ。 파네.

(집에서)

妻	あ〜、きぶん 出る。 와〜 기분 난다.
子供	おんせん〜。 온천이다.

시츄에이션 일본어 회화

シチュエーション 3　会計 | 계산

여기서는 계산대에서 점원과 손님 대화 내용을 학습합시다.

회화 6

店員(てんいん)　いらっしゃいませ。お会計(かいけい)、３９８０円(えん)でございます。お支払(しはら)いは？
어서오세요. 다해서 3980엔입니다. 지불은 어떻게 하시겠습니까?

妻(つま)　（クレジット）カードで。
신용카드로.

店員　一括(いっかつ)ですか？
일시불 인가요?

客　はい。一括(いっかつ)で。
네. 일시불이요.

店員　袋(ふくろ)にお入(い)れしましょうか。
봉투에 넣을까요?

客　はい。おねがいします。
네, 부탁합니다.

제5과 **買い物** | 쇼핑

회화 7

店員(てんいん) こちら、プレゼントですか？
이거 선물하실 건가요?

妻(つま) はい。
네.

店員 リボンは、赤(あか)と 黄色(きいろ)と 緑(みどり)が ございますが。
리본은 빨강, 노랑, 초록이 있는데요.

客 じゃあ、緑(みどり)で おねがいします。
그럼 초록색으로 해주세요.

 おふろやさん | 목욕탕

「귀가일기2」 3회 36:53~37:15

客 大人(おとな)いくら？
어른 얼마야?

店員 430円です。
430엔입니다.

客 タオルセットも。
타울 세트도.

店員 1000円です。
1000엔입니다.

女 ごゆっくり。
천천히 있다 가세요.

125

시츄에이션 일본어 회화

ポイント・チェック

シチュエーション 1 | **店員とのやりとり** | 점원과의 대화

1 한국에서는 가게 종류를 크게 나누면, 구멍 가게인 "슈퍼", 대형 마트, 백화점이 있습니다. 한편, 일본에서는 식품이나 일용품 등 다양한 물건이 있는 가게를 보통 "スーパー" ("スーパーマーケット"을 줄인 말) 이라고 합니다. "西友", "ダイエー", "イトーヨーカドー"등 지역 별로 여러 スーパー가 있습니다. 24시간 운영하는 편의점은 "コンビニ" ("コンビニエンスストア"를 줄인 말) 라고 합니다. 그리고 백화점은 보통, "デパート"라고 합니다. "高島屋(たかしまや)", "そごう", "三越(みつこし)", "西部(せいぶ)デパート"등 여러 백화점이 있습니다.

반대로 한가지 물건을 파는 가게는 「~屋(や)」, 「~屋(や)さん」이라고 합니다. 야채를 파는 가게는 「八百屋(やおや)さん」, 생선을 파는 가게는 「魚屋(さかなや)さん」, 약을 파는 가게는 「薬屋(くすりや)さん」, 케이크를 파는 가게는 「ケーキ屋(や)さん」라고 합니다. "ケーキ屋さん"은 한국에서는 많이 못 보지만, 케이크만 팔고, 보통 전철역 부근에 "不二家(ふじや)", "コージーコーナー"등 케이크 가게가 많이 있습니다. 일본인들은 집을 방문할 때 케이크나 화과자(おまんじゅう) 등 과자류를 "おみやげ"(선물)로 할 경우가 많기 때문입니다. 「お弁当屋(べんとうや)さん」(도시락 집)에서는 take out을 합니다. Take out을 「お持(も)ち帰(かえ)り」라고 합니다. ピザ(피자)やおすし(초밥), そば(메밀국수)등을 시켜 먹는 것을 「出前(でまえ)をとる」라고 합니다.

예) A : きのう、家(いえ)に だれも いなかったんでしょ？ ごはんは、どうしたの？
　　　어제 집에 아무도 없었다며. 밥은 어떻게 먹었어?
　　B : 出前(でまえ)とったよ。
　　　시켜 먹었지.

제5과 **買い物** | 쇼핑

2 점원 : こちらなんかいかがですか。　　이건 어떠세요?
　손님 : う～ん。デザインはいいんですけど、色がちょっと。
　　　　　　　　　　　　　　　　음, 디자인은 좋은데 색이 좀 별로.
　점원 : それなら、こちらはいかがでしょうか。그럼 이건 어떠세요?
　손님 : ああ、いいですね。　　　　　아, 좋네요,.

> **표현1** 점원이 상품을 추천할 때의 표현
> 　こちら　は　　　どうですか。
> 　　　　　など　　いかがですか。　　이건 어떠세요?
> 　　　　　なんか　いかがでしょう。

> **표현2** 추천 받은 상품을 거절할 때 표현
> 　_____はいいんですけど、_____がちょっと。
> 　　　　　　　　　　　　　～는 좋은데 ～가 좀.
> 　_____どうも。
>
> 예) サイズは いいんですけど、見た目(め)が ちょっと。
> 　　　　　　　　　사이즈는 좋은데 외형이 좀.
> 예) がらは いいんですけど、形(かたち)が ちょっと。
> 　　　　　　　　　무늬는 좋은데 모양이 좀.
> 예) 安いのは いいんですけど、重(おも)いのが ちょっと。
> 　　　　　　　　　가격은 저렴한데 무거워서 좀.

3 もうしわけございません。Mサイズは 品切(しなぎ)れしておりまして。
　죄송합니다. M사이즈는 지금 품절입니다.

> **해설** • 品切(しなぎ)れ :「売(う)り切(き)れ」의 뜻. 품절.
> 　　　• 상품이 다 팔려서 없어진 것을「切(き)らす」라고 합니다.
> 　　　　예) ただいま、その商品(しょうひん)は切(き)らしておりまして。
> 　　　　예) 売(う)り切(き)れとなっております。

127

시츄에이션 일본어 회화

- 取(と)り寄(よ)せ :「注文(ちゅうもん)」의 뜻. 주문.
- 取(と)り置(お)き :「取っておくこと」의 뜻. 챙겨두다.

シチュエーション 2　　選ぶ | 고를 때

4　黒(くろ)だと 着(き)まわしできるし、黒のコートに したら？

표현3　고민하는 상대에게 추천하는 경우(친한 사이):
　　　＿＿＿＿＿＿し、＿＿＿＿＿＿にしたら？　　　~한데~로 하는 게 어때?
　　　예) よく にあってるし、赤いほうに したら？
　　　　　　　　　　　　　　　잘 어울리는데 빨간색으로 하는 게 어때?
　　　예) ねだんも 安いし、こっちの スカートに したら？
　　　　　　　　　　　　　　　가격도 저렴하니까 이 스커트로 하는 게 어때?
　　　예) 使いやすそうだし、この せんたくきに したら？
　　　　　　　　　　　　　　　사용하기 편할 것 같은데 이 세탁기로 하는 게 어때?

5　A：う～ん。でも黒だと、いまいちぱっとしないんだよね。
　　　　　　　　　　　　　음, 그런데 검은색은 좀 별로인 것 같은데.
　　　B：そうかなあ。　　그런가?

해설　「ぱっとしない」는 "그냥 그렇다."는 뜻이며 사람의 성격이나 인생, 성적, 경제 등에도 적용할 수 있습니다. (예) ぱっとしない成績(せいせき)。그냥 그런 성적
　　　예) このお店(みせ)、いまいち ぱっとしないんだよね。
　　　　　　　　　　　　　이 가게, 그냥그런것같아.
　　　예) この服(ふく)、いまいち ぱっとしないんだよね。
　　　　　　　　　　　　　이 옷, 그냥 그런 것 같아.

제5과 買い物 | 쇼핑

예) この色(いろ)、いまいち ぱっとしないんだよね。
　　　　　　　　　　　　　　이 색, 그냥 그런 것 같아.

응답표현:

＊동의
- そうねえ。ほかの お店に 行く？/行こうか
　　　　　　　　그러네. 다른 가게로 갈래?/ 가자.
- そうねえ。ほかの {服(ふく)/色(いろ)}、見る？
　　　　　　　　그러네. 다른 {옷/색} 볼래?

＊동의하지 않을 경우
- そう？/そうかなあ。いいと 思(おも)うよ。 그래?/그런가. 괜찮은 거 같아.
- そう？/そうかなあ。わたしは 好(す)きだけど。
　　　　　　　　　　그래? /그런가. 난 좋은데.
- そう？/そうかなあ。悪(わる)くないと 思うけど。
　　　　　　　　　　그래?/그런가. 나쁘진 않은 것 같은데.

6
- どっちのコートがいいと思う？　　어느 코트가 더 나아?
- ねえ、どっちがかわいい？　　　　저기, 뭐가 더 예뻐?

표현4 무엇을 살지 고민할 때 상대에게 의견을 구하는 표현
- 「どっちがいいと思います？」　어느 쪽이 더 좋은 것 같아요?
- 「どれがいいと思います？」　어떤 것이 더 좋은 것 같아요?

응답표현:
安いから、二つとも買っとけば？ 저렴하니까 둘 다 사는 게 어때?
＝買っておけば、(どう)。
＝買っておいたら、(どう)。

＊「〜ておく」가 회화에서는 「〜とく」로 쓰이는 경우가 있습니다.
　예) 高いから、{やめておけば(やめとけば)/やめておいたら}？
　　　비싸니까 안 사는 게 어때?

시츄에이션 일본어 회화

シチュエーション 3　　会計 | 계산

표현5 「袋(ふくろ)にお入れしましょうか。」「リボンはおつけしましょうか。」과 같이 점원이 물어 볼 때

거절하는 응답표현
- いいえ、けっこうです。　　　아니요. 없어도 됩니다.
　　　だいじょうぶです。　　　괜찮습니다.
- リボンは けっこうです。　　　리본은 안 해도 돼요.
　　　だいじょうぶです。　　　괜찮습니다.

 **これ、知ってる?**

다음은 어떻게 세는지 알고 있나요?
① くつした　양말
② 本(ほん)　책
③ 車(くるま)　자동차

정답

	くつした(양말)	本(책)	車(차)
1	一足(いっそく)	一冊(いっさつ)	一台(いちだい)
2	二足(にそく)	二冊(にさつ)	二台(にだい)
3	三足(さんそく)	三冊(さんさつ)	三台(さんだい)
4	四足(よんそく)	四冊(よんさつ)	四台(よんだい)
5	五足(ごそく)	五冊(ごさつ)	五台(ごだい)
6	六足(ろくそく)	六冊(ろくさつ)	六台(ろくだい)
7	七足(ななそく)	七冊(ななさつ)	七台(しちだい)
8	八足(はっそく)	八冊(はっさつ)	八台(はちだい)
9	九足(きゅうそく)	九冊(きゅうさつ)	九台(きゅうだい)
10	十足(じゅっそく)	十冊(じゅっさつ)	十台(じゅうだい)

제5과 買い物 | 쇼핑

こんなとき、どう言う？

 1. 사온 것을 넣을 봉지가 없습니다. 계산대에 있는 점원에게 뭐라고 하면 될까요?

すみません、レジ袋(ぶくろ)ひとつ ください。
죄송합니다. 봉투 하나만 주세요.

 2. 산 물건을 선물용으로 포장하고 싶을 때 계산대 점원에게 뭐라고 해야 할까요?

プレゼント用(よう)なので はこに 入(い)れて もらえますか？
선물용인데 상자에 넣어 주시겠습니까?

プレゼント用(よう)なので つつんで もらえますか？
선물용인데 포장해 주시겠습니까?

プレゼント用(よう)なので リボンを つけて もらえますか？
선물용인데 리본을 달아 주시겠습니까?

 회 화 연 습

케이크 가게에서 딸기 쇼트 케이크를 2개 샀습니다. 점원에서 뭐라고 하면 좋을까요?

すみません。イチゴショートを ふたつ ください。
실례합니다만, 딸기 쇼트 케이크 2개 주세요.

131

시츄에이션 일본어 회화

연 습 문 제

 아래 회화 다음에 오는 말 중 <u>부적절한 것을</u> 3개 중에 하나 고르시오.

❶ 점원 : 何か お探(さが)しですか？
   손님 : ええ、スカートなんですけど。
   점원 : (   )
   ① お取(と)り寄(よ)せ いたしましょうか。
   ② こちらなどは、いかがでしょうか。
   ③ スカートは あちらに ございます。

❷ A : どっちの コートが いいと 思(おも)う？
   B : (   )
   ① そうねえ。赤(あか)いほうが よく にあってるし、赤に しといたら？
   ② うーん。どっちとも 安いんだし、二つ(ふたつ)とも 買っておいたら？
   ③ それなら、取(と)り寄(よ)せて もらったら？

❸ 점원 : プレゼントでしたら、こちらなんか どうですか？
   손님 : (   )
   ① デザインは いいんですけど、色(いろ)が ちょっと。
   ② いいですね。包装(ほうそう)して いただけますか。
   ③ いまいち ぱっとしないんだよね。

제5과 買い物 | 쇼핑

 회화에 나오는 단어

あ行

いまいち ……… 조금 부족한 모양, 그저 그렇다.
売(う)り切(き)れ ……………………… 품절
駅前(えきまえ) ……………… 역 전, 역 앞
選(えら)ぶ ………………… 고르다, 선택하다

か行

買(か)い物(もの) ……… 쇼핑, 물건을 삼
ガトーショコラ(ケーキの名前)
 ……………… 가토 쇼콜라(케이크 이름)
くつ下(した) ……………………………… 양말
好(この)み ………………………………… 취향

さ行

雑誌(ざっし) ……………………………… 잡지
三足千円(さんそくせんえん)
 ………………………… 세 켤레 3천엔
品切(しなぎ)れ ………………………… 품절

た行

大根(だいこん) …………………………… 무
店員(てんいん) ………………………… 점원
取(と)り寄(よ)せ ………………………… 주문

な行

入荷(にゅうか) ………………………… 입하

は行

売約済(ばいやくずみ)
 ……………… 판매완료, 팔기로 약속함
パッとしない ……… 신통치 않다, 별로다
ファッション ……………………………… 패션

ま行

モンブラン(ケーキの名前) ……… 몽블랑

や行

やきそばパン ……………… 야키소바빵

ら行

レジ ……………………………………… 계산대

쉬어가기

ほうげん

関西(かんさい)では「いくら。」を「なんぼ。」라고 합니다.

ともちゃん これがいいんじゃない？
이게 좋을 것 같은데?

ゆうくん これ、なんぼ？
이거 얼마? (표준어 : これ、いくら？)

ともちゃん 1000円。
1000엔.

ゆうくん そりゃ、安いなあ。
그건 싸네. (표준어 : それは、安いね。)

ことわざ

일본의 속담(ことわざ)과 관용구(慣用句, かんようく)가 회화에서 어떻게 쓰일까요? 5과에서는 「自分(じぶん)に あまく、人(ひと)には きびしい。(자신에겐 관대하고 남에게는 엄격하다.)」입니다.

妻(つま) これからは、こういう カロリーの高いものは、食べちゃだめよ。よーく、おぼえて。
앞으로는 이렇게 칼로리가 높은 음식은 먹으면 안돼. 잘 기억해 둬.

夫(おっと) まんじゅうも てんぷらも ケーキも だめなの？おいしいもの ぜんぶ だめじゃん。
만두도 튀김도 케이크도 다 안 되는 거야? 맛있는 거 전부다 못 먹잖아.

男 ああ、ほら、下(さ)がってる。
이거 봐요. 수치가 떨어졌어요.

夫 もう こういう生活(せいかつ) いつまでつづくの？数値(すうち)が 正常(せいじょう)に もどったら やめていいんだよね。
이런 생활 언제까지 계속해야 돼? 수치가 정상으로 돌아오면 그만둬도 되지?

妻 まあね。
그렇지.

쉬어가기

男	いや、正常になっても 油断(ゆだん)したら すぐに もどりますから。 아니요, 정상으로 돌아오더라도 방심하면 다시 높아져요.
妻	じゃあ 一生(いっしょう)。 그럼 평생.
夫	えー？ 뭐?
妻	健康(けんこう)の ためでしょ。 건강을 위해서잖아.
夫	人(ひと)ばっかり やらせて、自分(じぶん)は どうなんだよ。 남한테만 하라고 하고 너는 어떤 거야?
妻	私が 何よ。 내가 뭐.
夫	ちょっと、そこの ゴミばこの 中(なか) 見てくれない？ 잠깐 그 쓰레기통 안에 봐 줄래?
男	え？ 네?
夫	おねがい。。 부탁이야.
男	エクレアのふくろが 三つ(みっつ)ですね。 슈크림 봉지가 3개 있네요.
夫	一つ(ひとつ)は まどかで、のこり二つは 自分(じぶん)で くったんだろ。 하나는 마도카가 먹은 거고, 나머지 2개는 당신이 먹었겠지.
妻	三割引(さんわりびき)だったから、一つ おおく 買ったの。 30%할인하길래 하나 더 산거야.
夫	今日、ぜんぶ 食べることないだろ。 오늘 다 먹을 이유는 없잖아.
妻	賞味期限(しょうみきげん)が 今日までだったのよ。 유통기한이 오늘까지였어.
夫	自分にあまく、人にはきびしい。いいのかな、そういうので。 자신에겐 관대하고 남에게는 엄격하네. 그래도 되는 거야?
男	それは ちょっと 問題(もんだい)ありかもしれませんね。 그건 좀 문제가 있네요.
妻	えー？ 뭐?

「귀가일기」4화 12:15～13:22

MEMO

第6과

家庭生活(かていせいかつ)
가정생활

학습내용
シチュエーション 1 家庭(かてい)の会話(かいわ) | 가정에서의 대화
シチュエーション 2 近所付き合い(きんじょづきあい) | 이웃관계
シチュエーション 3 訪問(ほうもん)する | 방문할 때

학습목표
- 가정에서 자주 이루어지는 회화나 남의 집을 방문할 때의 인사 등 가정생활과 관련된 표현을 배우고, 상대와 장면에 따라 구분할 수 있는 힘을 기른다.

시츄에이션 일본어 회화

シチュエーション 1　家庭の会話 | 가정에서의 대화

회화 1

母　ちゃんと ごはん、たべてる？
　　　제대로 밥 챙겨 먹고 있어?

息子　食べてるよ。
　　　먹고 있어.

母　アイロンも ちゃんと かけてる？
　　　옷도 잘 다리고 있니?

息子　かけてるよ。
　　　하고 있어.

母　じゃあ、お母さん そろそろ 行かなきゃ。かぎ、ちゃんと しめてよ。
　　　엄마도 슬슬 가야 하는데. 문 잘 잠가.

회화 2

妻(つま)　あ、また ジュース 出しっぱなし。飲(の)んだ 後(あと)は、ふたを しっかり閉めて、れいぞうこに 入(い)れてって いつも 言ってるでしょ。
또 주스 꺼내고 안 넣어놨네. 마신 후에는 뚜껑 닫아서 냉장고에 넣으라고 그랬잖아.

138

제6과 家庭生活 | 가정생활

夫(おっと)   あ、うん。
　　　　　　응.

妻　　　 じゃあ、ごろごろしてないで 家のそうじ、てつだって。
　　　　　　그럼 뒹굴 거리지만 말고 집 청소하는 거 도와줘.

夫　　　 えー。せっかくの やすみぐらい、のんびりさせてよ。
　　　　　　모처럼 쉬는 날인데 좀 여유 있게 쉬게 해줘.

母　　　 ただいま。
　　　　　　다녀왔어.

娘　　　 おかえり。どこ 行ってたの。
　　　　　　잘 갔다 왔어? 어디 갔었어?

母　　　 夕食(ゆうしょく)の 買い物に 行ってきたのよ。
　　　　　　저녁거리 사러 갔다 왔어.

娘　　　 ねえ、ハンドクリーム、どこ おいた？
　　　　　　근데 핸드크림 어디에 놔뒀어?

母　　　 引(ひ)き出(だ)しの 中に あるでしょ？
　　　　　　서랍 속에 있잖아.

@ 부모자식 간의 대화

「프리터 집을 사다」 6회 19:55～20:25

母　　　 ちゃんと ごはんたべてる？
　　　　　　제대로 밥 챙겨 먹고 있어?

むすこ　 食べてるよ。
　　　　　　먹고 있어.

母　　　 せんたくは？
　　　　　　세탁은?

시츄에이션 일본어 회화

むすこ だいじょうぶ、してるよ。
괜찮아. 하고 있어.

母 そろそろ アイロンかけないと、お父さんのハンカチ、、、。
이제 슬슬 다림질해야지. 아빠 손수건.

むすこ だいじょうぶだって。そんな アイロンぐらい かけなくたって、どうってこと ないよ。
괜찮다니까. 다림질 같은 거 안 한다고 해서 큰 일 나는 건 아니야.

母 でも、、。
그래도.

娘 ちゃんと かけるから しんぱいしないで。
제대로 할 테니까 걱정하지마.

母 ありがとう。
고마워.

 小言(こごと)を言(い)う | 잔소리를 하다

「호타루의 빛」 9회 19:49~

男 おはよう。
안녕.

女 おはようございます。
안녕하세요.

男 また出しっぱなしにして。飲んだ後は、ふたをしっかり閉め、れいぞうこに入れろって言ってるだろ。
또 치우지도 않고. 마신 후에는 뚜껑을 제대로 닫고, 냉장고에 넣으라고 했잖아.

女 すみません。
죄송합니다.

제6과　家庭生活 | 가정생활

밤, 자기 전에

「귀가일기2」 1회 27:49~

おじいちゃん　よ、まどか、宿題(しゅくだい)やったか。
　　　　　　　마도카야, 숙제했니?

まどか　やった。
　　　　　했어요.

おじいちゃん　歯(は)、みがいたか？
　　　　　　　이는 닦았어?

まどか　寝(ね)る前(まえ)に みがく。
　　　　　자기 전에 닦아.

ふたり　いえ～い。おやすみ
　　　　　이야~ 잘자.

휴일 1

「귀가일기」 5회 9:34~9:43

妻　そう、休日出勤(きゅうじつしゅっきん)？
　　　아~ 휴일에 출근해?

夫　うん。
　　　응.

妻　せっかくの休みに 一人か
　　　모처럼의 휴일인데 혼자네.

夫　主婦(しゅふ)なんて いつも 休み みたいな もんだろ。
　　　주부는 항상 휴일이랑 마찬가지잖아.

시츄에이션 일본어 회화

 휴일 2

「귀가일기」 9회 15:21~41

妻　いい お天気で よかったわね
　　날씨가 좋아서 다행이네.

夫　せっかくの 休みぐらい 家で のんびり してたいよ。
　　모처럼의 휴일인데 집에서 좀 쉬고 싶어.

다음은 환자인 어머니가 약이 없다며 전화를 걸어 왔는데 아들이 집에 가 보니 어머니가 안 계셔서 걱정하고 있는데 어머니가 밖에서 돌아온 장면입니다.

 물건을 찾을 때 1

「프리터 집을 사다」 4회 37:11~37:59

母　おかえり。
　　잘 갔다 왔니.

息子　どこ行ってたの？
　　어디 갔었어?

母　買い物。お店、あちこち まわって、ようやく 見つけたの。いつも、せいじに たよって ばかりだから。
　　뭐 좀 사러. 가게 여러 군데 돌아다녀서 겨우 찾았어. 항상 세이지에게 의지했으니까.

息子　薬は？
　　약은?

母　あった。
　　여기 있다.

息子　どこに？
　　어디?

母　ここに。
　　여기.

제6과　家庭生活　｜　가정생활

　　물건을 찾을 때 2

「프리터 집을 사다」 6회 8:40～8:53

父　ハンドクリームどこだ？
　　　핸드크림어디있어?

息子　ハンドクリーム？
　　　　핸드크림?

父　すみこの。
　　　엄마 꺼.

息子　なんで？
　　　　왜 찾아?

父　いや、あした、病院(びょういん)に もっていって やろうと 思って。どこだ？
　　　아니 내일 병원에 가져갈까 해서. 어디 있지.

　　물건을 찾을 때 3

「귀가일기」 10회 11:28

夫　あ、おれ。くつ下 どこにあるかな。
　　　이상하네. 양말 어디 있지.

妻　それなら クローゼットの 奥(おく)の 引き出しに 入ってる。
　　　그건 옷장 안 쪽 서랍에 있어.

143

시츄에이션 일본어 회화

シチュエーション 2　近所付き合い | 이웃관계

회화 4

옆집에 이사 온 야마자키라고 합니다.

A　あの、私、となりに ひっこしてきた やまざきと申します。
저는 옆집에 이사 온 야마자키라고 합니다.

B　あー、そうですか。
아, 그렇군요.

A　よろしく おねがいします。
잘 부탁드립니다.

B　こちらこそ よろしく おねがいします。
저야말로 잘 부탁드려요.

A　これ、つまらないものですけど、どうぞ。
이거 별거 아니지만 드셔 보세요.

B　わざわざ ありがとうございます。
일부러 챙겨주시고, 감사합니다.

회화 5

A　こんにちは。
안녕하세요.

제6과　家庭生活 | 가정생활

B　あら、こんにちは。
　　어머, 안녕하세요.

A　いなかから ジャガイモを たくさん 送ってきたんで、よかったら どうぞ。
　　시골에서 감자를 많이 보내주셨는데 괜찮으시면 좀 드세요.

B　わあ、こんなに たくさん。ありがとう ございます。
　　와, 이렇게나 많이. 감사합니다.

 おすそ分け | 나누어 줄 때

「귀가일기 2」 3회 35:07~35:30

女　　　　こんにちは。
　　　　　안녕하세요.

尼(あま)さん　あら、こんにちは。
　　　　　어머, 안녕하세요.

女　　　　これ昨日、やさいのにもの、つくったんで、よかったらどうぞ。
　　　　　어제 야채 조림 만들었는데 좀 가져가세요.

尼さん　　どうもありがとうございます。
　　　　　정말 감사합니다.

女　　　　いいえ。
　　　　　아니에요.

尼さん　　わあ、おいしそう。
　　　　　와 맛있겠다.

女　　　　なかなかうまくできたんで。
　　　　　꽤 맛있게 됐네요.

尼さん　　いただきますね。
　　　　　잘 먹겠습니다.

女　　　　はい。
　　　　　네.

시츄에이션 일본어 회화

シチュエーション 3 **訪問する** | 방문할 때

회화 6

(딩동)

A　どちらさまですか。
　　누구세요?

B　たなかと申します。
　　다나카라고 합니다.

A　どちらのたなかさんですか。
　　어디서 오신 다나카 씨인가요?

B　たろうさんの会社の後輩(こうはい)です。
　　다로 씨 회사 후배입니다.

A　こんにちは。
　　안녕하세요.

B　突然(とつぜん) もうしわけございません。用事(ようじ)が あって こちらのほうに 出てきましたので。
　　갑자기 죄송합니다. 일 때문에 이 근처에 오게 돼서요.

A　いえ。どうぞ。
　　아닙니다. 들어오세요.

B　おじゃまします。
　　실례합니다.

제6과　家庭生活　|　가정생활

セールスマン	ごめんください。
	실례합니다.

婦人(ふじん)　セールスでしたら、けっこうですので。
　　　　　　物건 파는 거면 됐어요.

セールスマン　お時間 おとらせ いたしませんので。
　　　　　　　잠깐이면 됩니다.

婦人　　今、手が はなせませんので。
　　　　지금 손을 뗄 수가 없어서요.

セールスマン　そうですか。
　　　　　　　아 그렇군요.

A　どうぞ。お待ちしてました。
　　들어오세요. 기다리고 있었습니다.

B　おじゃまします。これ おみやげです。
　　실례합니다. 이것은 선물입니다.

A　わざわざ ありがとうございます。
　　일부러 챙겨주시고 감사합니다.

B　すみません、お休みのところ、おじゃましちゃって。
　　죄송합니다. 쉬시는데 이렇게 와서.

A　いえいえ。ゆっくり していって ください。
　　아닙니다. 천천히 놀다 가세요.

갑자기 방문할 때(방문객을 모를 경우)

「프리터 집을 사다」 6회 24:44～25:31

女　どちらさまですか。
　　누구신가요?

시츄에이션 일본어 회화

娘 ながたと申します。
나가타라고 합니다.

女 どちらの ながたさんですか？
어디 나가타씨인가요?

娘 たけの むすめです。父がたいへん おせわになってます。
다케 딸입니다. 아버지가 신세를 지고 있습니다.

女 どうぞ。ざぶとんも ないんですけど。
들어오세요. 방석도 없지만.

갑자기 방문할 때 1

「프리터 집을 사다」 8회 03:55~

男 はい。
네.

女 突然(とつぜん) 申しわけ ございません。お友達に会いに こちらのほうに 出てきましたので。
갑자기 죄송합니다. 친구를 만나서 이 근처에 와서요.

男 あ、そうですか。どうぞ、どうぞ。
아 그래요? 들어오세요.

女 こんにちは。
さいきん、いかがですか？あ、これ、くりまんじゅう。
안녕하세요. 요즘엔 어떠세요? 아, 이거 밤만 주예요.

男 ごちそうさまです。ありがとうございます。
잘 먹겠습니다. 감사합니다.

갑자기 방문할 때 2

「프리터 집을 사다」 6회 29:00~29:23

男 突然(とつぜん) すまないね。
갑자기 와서 미안.

제6과　家庭生活 | 가정생활

女　いえ。
　　　아니요.

男　昼ごはん たべた？
　　　점심 먹었어?

女　まだです。
　　　아직이에요.

男　(도시락 보여주며)これ 良かったら 一緒(いっしょ)にと 思って。
　　　괜찮으면 함께 먹을까 해서.

女　ああ、ありがとうございます。
　　　아, 감사합니다.

男　都合(つごう) 悪い？
　　　지금은 좀 그래요?

女　いいえ。どうぞ。
　　　아니요. 들어오세요.

男　おじゃまします。
　　　실례합니다.

집에 초대할 때

「귀가일기」 10회 32:55~

夫(おっと)　お待ちしてました。どうぞ、どうぞ。
　　　　　　기다리고 있었습니다. 들어오세요.

お客さん　おじゃまします。
　　　　　　실례합니다.

妻(つま)　いらっしゃいませ。やまざきの妻の さなえでございます。
　　　　　　어서 오세요. 야마자키 아내 사나에입니다.

課長(かちょう)　これはどうも恐(おそ)れ入(い)ります。
　　　　　　죄송합니다.

常務(じょうむ)たち　はじめまして。
　　　　　　처음 뵙겠습니다.

夫	じゃあ、中の方にどうぞ。 그럼 안으로 들어오세요.
お客さん	おじゃまします。 실례합니다.
娘	こんにちは。父がいつもお世話になっております。 안녕하세요. 아빠가 항상 신세를 지고 있어요.
課長	こんにちは。 안녕하세요.
常務	えらいなあ。 똑똑하네.
妻	すぐにお食事の用意(ようい)をいたしますので、あなた、みなさんをこちらにご案内(あんない)してさしあげて。 바로 식사를 준비하겠습니다. 여보, 모두 이쪽으로 모셔와요.
夫	どうぞ、どうぞ。常務(じょうむ)、あちらの方に。課長(かちょう)も。 이쪽으로 오세요. 상무님.
女社員	(선물을 건네며)山崎さん、これ。 야마자키씨, 이거.
夫	あ、ありがとう。 아, 고마워.

 집에 방문할 때

「귀가일기 2」 1 회 09:36～09:58

男	あ、どうも。 아, 안녕하세요.
女	こんにちは。すみません、仕事中(しごとちゅう)に おじゃましちゃって。 안녕하세요. 죄송합니다. 일하는데 찾아와서.
男	いえいえ、ゆっくりしていってください。どうせ客、少ないから。 아닙니다. 천천히 있다 가세요. 어차피 손님도 별로 없어서요.

第6課　家庭生活 | 가정생활

ポイント・チェック

シチュエーション 1　家庭の会話 | 가정에서의 회화

1 ちゃんと ご飯 たべてる?　　제대로 밥 챙겨 먹고 있어?
アイロンも ちゃんと かけてる?　옷도 잘 다리고 있니?
かぎ、ちゃんと 閉めてよ。　　　문 잘 잠가.

해설
- 「ちゃんと」는 「きちんと」의 구어적인 표현.
- 「ちゃんと」의 의미
  ① 기준이나 조건을 충분히 충족시킨 상태를 나타낸다.
  　예) ちゃんと寝る。　　　　　충분히 자다.
  ② 모든 것을 틀림없이 확실히 하다.
  　예) ちゃんと学校に通う。　　제대로 학교에 다니다.

2 じゃあ、お母さん そろそろ行かなきゃ。　그럼 엄마 슬슬 가야겠다.

해설 「そろそろ」는 일을 하는 데 있어서 적당한 시간이나 타이밍을 나타내는 부사.

3 あ、またジュース出しっぱなし。　　　아, 또 주스 꺼내고 안 넣어놨네.
飲んだ後は、ふたをしっかり閉めて、冷蔵庫に入れてっていつも言ってるでしょ。
　　　　　마신 후에는 뚜껑을 닫아서 냉장고에 넣으라고 그랬잖아.

해설
- 「出しっぱなし」는 「出したまま」라는 의미.
- 「～っぱなし」
  예) テレビ、つけっぱなし。TV 그냥 켜 놨네.
  　(=TV를 끄지 않고 다른 일을 하고 있는 상태.)

151

시츄에이션 일본어 회화

예) 食べたら、食べっぱなし。먹고 나면 그대로 두네.
 　　(＝먹은 것을 정리하지 않고 다른 일을 하고 있는 상태.)

예) 服ぬいだら、ぬぎっぱなし。옷을 벗으면 그냥 그대로 두네.
 　　(＝옷을 벗고 나면 빨래 바구니나 세탁기에 넣지 않고 그대로 둔 상태)

- 小言(こごと)を言う : ＝ 잔소리를 하다.

 細かいことをいちいち取り立ててしかること。

 (세세한 것을 일일이 지적하며 혼내는 일.)

표현1 小言を言う (잔소리를 하다)

＿＿ した後は、	＿＿ って言っただろ/言ってるだろ。(남자의 말투)
＿＿ したら、	＿＿ って言ったでしょ/言ってるでしょ。(여자의 말투)
＿＿ し終(お)わったら、	
～ 한 후에는	～ 라고 말했잖아.
～ 하면	～ 라고 했잖아.
～ 다 하고 나면	

예) テレビを見終(みお)わったら、ちゃんと けして って言ったでしょ。
 　TV를 다 보고 나면 제대로 끄라고 했잖아.

예) 食べ終わったら、ちゃんと かたづけて って言ったでしょ。
 　다 먹고 나면 제대로 치우라고 했잖아.

예) 帰ってきたら、すぐに 手を あらって って言ってるでしょ。
 　집에 오면 바로 손을 씻으라고 했잖아.

표현2 가정생활과 관련된 표현

- アイロンをかける。　　　　　　　다림질을 하다.
- せんたくをする。　　　　　　　　세탁을 하다.
- かぎをしめる。　　　　　　　　　문을 잠그다.
- 冷蔵庫(れいぞうこ)に入れる。　　냉장고에 넣다.

제6과 家庭生活 | 가정생활

- 歯(は)をみがく。　　　　　　　　　　이를 닦다.
- 宿題(しゅくだい)をやる。　　　　　　숙제를 하다.

　　(구어체로「～する」는「～やる」로 쓴다.)

4 えー。せっかくの休みぐらいのんびりさせてよ。

해설 「せっかく～」는 뒤에 부정적인 표현이 옵니다.

예) せっかくの 服が 雨で だいなし。 모처럼 차려 입은 옷이 비로 엉망이네.
예) せっかくの 連休(れんきゅう)が 仕事でつぶれた。
　　　　　　　　　　　　　　모처럼의 연휴를 일 때문에 망쳤다.
예) せっかく 家まで 行ったのに、彼に 会えなかった
　　　　　　　　　　　　모처럼 집까지 갔는데 그를 만날 수 없었다.
예) せっかく 会えたのに、すぐ帰らないといけないなんて。
　　　　　　　　　　　　　모처럼 만났는데 빨리 가야 되네.

5 딸 : ねえ、ハンドクリーム、どこ置いた？ 근데 핸드크림 어디에 놔뒀어?
　엄마 : 引き出しの中にあるでしょ？　　서랍 속에 있잖아.

표현3 집에서 물건을 찾을 때

- _____、どこ？　　　　　　어디?
　　　　　どこにある？　　　　　어디에 있어?
　　　　　どこいった？　　　　　어디 갔어?
　　　　　どこ置いた？　　　　　어디에 놨어?
　　　　　知(し)らない？　　　　　몰라?
　　　　　見なかった？　　　　　못 봤어?

응답표현

- ____にあるよ。/にあるでしょ。　　～에 있어./에 있잖아요.
　　　　に入ってるよ。/に入ってるでしょ。 ～에 들어있어./에 들어있잖아요
　　　　にあるはずだけど。　　　　　～에 있을 텐데.

시츄에이션 일본어 회화

　　　　　に入ってるはずだけど。　　　　～에 있을 텐데.
　・知らないよ。　　　　　　　　　　　몰라.
　・見てないよ。　　　　　　　　　　　안 봤어.
　예) A：しょうゆ、どこ おいた？　　　간장 어디 놨어?
　　　 B：テーブルの上にあるはずだけど。테이블 위에 있을 텐데.
　예) A：つめきり、どこにある？　　　　손톱 깎기 어디에 있어?
　　　 B：テレビの下の引き出しに入ってるでしょ。
　　　　　　　　　　　　　　　　　　　TV밑 서랍에 있잖아요.
　예) A：お母さん、私の黒いかばん、知らない？
　　　　　　　　　　　　　　　　　　　엄마 내 검은 가방 어디 있는지 몰라?
　　　 B：さあ、見てないけど。　　　　아니, 못 봤는데.

6 딸：どこ行ってたの。　　　　　　　어디 갔었어?
어머니：夕食の買い物に行ってきたのよ。　저녁거리 사러 갔다 왔어.

　해설 「어디 갔었어?」는 「どこ行ってたの。(＝どこに行っていたの。)」라고 한다.
　　　 「どこ行ったの？(「어디 갔어?」)」와는 다르다.

シチュエーション 2　近所付き合い | 이웃관계

7 いなかからジャガイモをたくさん送ってきたんで、よかったらどうぞ。
　　시골에서 감자를 많이 보내주셨는데 괜찮으시면 좀 드세요.

　해설 おすそ分(わ)け = 타인에게 받은 물건이나 이익의 일부를 다시 친구나 지인에게 나누어주는 것. 그렇기 때문에 윗사람에게 사용하는 것은 부적절.

　표현4 おすそ分け
　・＿＿＿んで、　　＿＿＿よかったらどうぞ。 ~했는데 괜찮으시면 좀 드세요.
　　　んですけど、
　예) これ昨日、やさいのにもの つくったんで、よかったら どうぞ。
　　　이 야채조림 어제 만들었는데 입맛에 맞으시면 좀 드세요.

제6과　家庭生活 | 가정생활

예) りんごを たくさん いただいたんですけど、よかったら どうぞ。
사과를 많이 받았는데 괜찮으시면 좀 드세요.

シチュエーション 3　　訪問(ほうもん)する | 방문할 때

8 A：どちらさま ですか。　　　　　누구세요?
　　B：たなかと もうします。　　　　다나카입니다.
　　A：どちらの たなかさんですか。　어디 다나카 씨세요?

　해설　모르는 사람이 찾아왔을 때
　　　　집에 있는 사람 : どちらさま ですか。　누구세요?
　　　　방문객 : ○○○と もうします。　　　　○○○라고 합니다.
　　　　집에 있는 사람 : どちらの○○○さんですか。
　　　　　　　　　　　　　　　　　　　　어디서 오신 ○○○씨세요?

9 突然(とつぜん)、もうしわけ ございません。用事(ようじ)があって こちらのほうに 出てきましたので。
　　　　갑자기 죄송합니다. 일이 있어서 이 근처에 와서요.

　해설　보통은 집에 찾아가기 전에 연락을 하고 갑니다.

　표현5　방문하기 전에 전화로 연락할 때
　　　　(정중한 표현)
　　　　・近くまで 来てるんですけど、今から そちらに 行っても よろしいでしょうか。
　　　　　근처에 왔는데 지금 그쪽에 가도 될까요?
　　　　(친한 사이)
　　　　・近くまで 来てるんだけど、今から 家、行っていい？
　　　　　근처에 왔는데 지금 집에 가도 돼?

시츄에이션 일본어 회화

10 セールスマン：ごめんください。　　　실례합니다.
　　婦人(ふじん)：セールスでしたら、けっこうですので。
　　　　　　　　　　　　　　　　　　물건파는 거면 됐어요.

　표현6 판매를 거절할 때
　　・今、時間ありませんので。　　　지금 시간이 없어서요.
　　・今、手がはなせませんので。　　지금 손을 뗄 수가 없어서요.
　　・今、いそがしいので。　　　　　지금 좀 바빠서요.

11　・おじゃまします。　　　　　　　실례합니다.
　　・すみません、お休みのところ、おじゃましちゃって。
　　　　　　　　　　　　　　　　　죄송합니다. 쉬시는데 찾아와서.

　해설 「おじゃま」는 다른 사람 집을 방문할 때 자신을 낮추어 하는 말.

　표현7 おじゃまする (다른 사람 집에 방문할 때)
　　・おじゃまします。　　　　　　　실례합니다.
　　　: 방문한 집에 들어갈 때 하는 인사.
　　・おじゃましてます。　　　　　　안녕하세요.
　　　: 방문한 집에서 다른 가족을 만났을 때.
　　・おじゃましました。　　　　　　실례했습니다. 가 보겠습니다.
　　　: 돌아갈 때 하는 인사.

12 いえいえ。ゆっくりしていってください。 아닙니다. 천천히 있다 가세요.

　해설 'ゆっくり'의 의미
　　① 동작이 느린 모습을 나타냄.
　　　예) もう少しゆっくりしゃべってください。
　　　　　　　　　　　　　　　　　조금 더 천천히 말해 주세요.

② 느긋한 기분으로 시간을 보내는 모습을 나타냄.

　　예) ゆっくりする。천천히 하다/천천히 쉬다.

　　예) ゆっくり休む。느긋이 쉬다.

　　예) ごゆっくり。　편히 쉬세요.('ゆっくりしてください'라는 의미.)

これ、知ってる?

집안에 있는 물건들 이름

①	タンス	장롱
②	おしいれ	벽장
③	クローゼット	옷장
④	ハンガー	옷걸이
⑤	もの干(ほ)しざお	빨래 너는 장대
⑥	カーテン	커튼
⑦	あみ戸(ど)	방충망, 그물망
⑧	玄関(げんかん)	현관
⑨	ベランダ	베란다
⑩	げたばこ	신발장

회화연습

다른 사람 집에 방문해서 집에 들어갈 때 뭐라고 인사할까요?

　　　　　　おじゃまします。
　　　　　　실례하겠습니다.

시츄에이션 일본어 회화

 다음은 위치 설명입니다. 한국어를 일본어로 고쳐봅시다.

1 A : リモコン、どこにおいた？
　　　리모컨, 어디에 뒀어?

　　B : ＿＿＿＿＿＿＿におい たけど。
　　　~에 뒀는데.

　① 테이블 위
　② 테이블 아래
　③ 테이블 오른 쪽
　④ 테이블 왼 쪽

2 A : 黒(くろ)のくつ、どこ？
　　　검은색 신발 어디 있어?

　　B : げたばこの＿＿＿＿＿＿にない？
　　　신발장 ~ 에 없어?

　① 위 쪽
　② 아래 쪽

> 정답
> 1. ① テーブルの上(うえ)
> 　② テーブルの下(した)
> 　③ テーブルの右側(みぎがわ)
> 　④ テーブルの左側(ひだりがわ)
> 2. ① 上の方(ほう)
> 　② 下の方(ほう)

第6과　家庭生活 | 가정생활

연습문제

 아래 회화 다음에 오는 말 중 부적절한 것을 3개 중에 하나 고르시오.

1 A：(　　　　　　　　　　　　　)
　　B：あ、ごめん。
　　① でかけたら、へやの電気(でんき)を 消(け)して って言ったでしょ。
　　② でかけるときは、へやの電気を 消して って言ったでしょ。
　　③ でかけるときは、へやの電気を 消して って言ってるでしょ。

2 A：はさみ、どこにあるか 知(し)らない？
　　B：(　　　　　　　　　　　　　)
　　① 知らないよ。
　　② 引(ひ)き出(だ)しの 中に あるはずだけど。
　　③ つくえの 上に あるなんて。

 아래 회화 다음에 오는 말 중 적절한 것을 3개 중에 하나 고르시오.

3 A：どうぞ、あがって ください。
　　B：(　　　　　　　　　　　　　)
　　① おじゃまします。
　　② おじゃましました。
　　③ おじゃましてます。

시츄에이션 일본어 회화

 회화에 나오는 단어

あ行

アイロンをかける ………… 다짐질을 하다
家にあがる ………………… 집에 들어가다
うまくできる ……………… 잘 되다
奥(おく) …………………… 안쪽
おすそ分(わ)け …………… 나누어 주는 것

か行

かぎを閉(し)める ………… 문을 잠그다
課長(かちょう) …………… 과장
着(き)がえる ……………… 옷을 갈아입다
休日出勤(きゅうじつしゅっきん)
 ……………………………… 휴일에 출근함
薬(くすり) ………………… 약
くりまんじゅう …………… 밤만주
クローゼット ……………… 옷장
小言(こごと)を言(い)う … 잔소리를 하다

さ行

座布団(ざぶとん) ………… 방석
宿題(しゅくだい) ………… 숙제
主婦(しゅふ) ……………… 주부
常務(じょうむ) …………… 상무
すまない …………………… 미안하다
セールス …………………… 영업, 세일즈
セールスマン ……… 영업사원, 세일즈맨
せんたくをする …………… 세탁하다

な行

付(つ)き合(あ)い ………… 교제, 사귐
妻(つま) …………………… 부인
突然(とつぜん) …………… 갑자기

は行

歯(は)をみがく …………… 이를 닦다
ハンドクリーム …………… 핸드크림
引(ひ)き出(だ)し ………… 서랍
人(ひと)の家(いえ) ……… 남의 집
ふたを閉(し)める⇔ふたを開(あ)ける
 …………… 뚜껑을 닫다 ⇔ 뚜껑을 열다

や行

野菜(やさい)の煮物(にもの) …야채 조림

ら行

冷蔵庫(れいぞうこ)に入(い)れる
 ……………………………… 냉장고에 넣다

わ行

ワイシャツ ………………… 와이셔츠

쉬어가기

ほうげん

関西(かんさい) 지방에서는 「たくさん」을 「ぎょうさん」이라고 합니다.

ともちゃん　たまねぎ、よかったらどうぞ。
　　　　　　　양파, 괜찮으면 좀 드세요.

ゆうくん　こんなに、ぎょうさん！ありがとう。
　　　　　　이렇게 많이! 감사합니다.(표준어：こんなに、たくさん。)

ことわざ

일본의 속담(ことわざ)과 관용구(慣用句, かんようく)가 회화에서 어떻게 쓰일까요?
6과에서는 「夫婦喧嘩(ふうふげんか)は、犬(いぬ)も食(く)わぬ。」입니다.

女1　まどかちゃんの ためにも このままじゃ いけないと 思う。
　　　　마도카를 위해서 이대로는 안 될 것 같아.

女2　私たち 何か できないかなあ。
　　　　우리가 할 수 있는 일 없을까?

男1　「夫婦喧嘩(ふうふげんか)は、犬(いぬ)も食(く)わぬ。」とか 言うよ。
　　　　부부싸움은 칼로 물 베기라고 하잖아.

女1　さなえさんは、私たちの よりを もどそうと ひっしに なって くれたじゃない。
　　　　사나에씨는 우리들 사이를 되돌리려고 필사적이었잖아.

女2　そうよ。
　　　　맞아.

男1　どう 思います？
　　　　어떻게 생각해?

男2　さなえさんが 今までのことを あやまってな、鬼嫁(おによめ)でなく なるなら いいんじゃないか？
　　　　사나에씨가 지금까지 일들 사과하고, 이제 악처럼 행동하지 않으면 되잖아.

みんな　うーん。
　　　　　음~

男2　ないな。
　　　　안되겠지.

「귀가일기」 11화 31:04~31:28

MEMO

제7과

病気(びょうき) | 병

학습내용
シチュエーション 1 かぜをひく | 감기에 걸리다
シチュエーション 2 つかれる | 지치다
シチュエーション 3 病院(びょういん) | 병원

학습목표
- 病気(병)이라는 주제를 가지고 자신의 컨디션 등의 상태가 상대방에게 오해 없이 전달되도록 적절한 말과 표현을 사용할 수 있도록 한다.
- 상대방에게 조언을 할 때에 강요하는 느낌이 들지 않는 표현을 상대방과 상황에 따라 구별해, 사용할 수 있는 능력을 기른다.

시츄에이션 일본어 회화

シチュエーション 1　　かぜをひく | 감기에 걸리다

회화 1

A　ごほん、ごほん。
　　콜록, 콜록.

B　だいじょうぶですか。顔色(かおいろ)、悪(わる)いですよ。
　　괜찮으세요? 얼굴색이 안 좋은데.

A　ちょっと 風邪(かぜ) ひいちゃって。
　　감기에 걸려서요.

B　薬(くすり)は 飲んでいるんですか。
　　약은 먹고 있어요?

A　昨日、病院に行ってきました。しばらく 安静(あんせい)に するように って お医者様(いしゃさま)が。
　　어제 병원에 갔다 왔어요. 의사가 당분간 안정을 취하라고 하더라고요.

B　そうですか。無理(むり)しないで くださいね。
　　그렇군요. 무리하지 마세요.

A　はい、ありがとうございます。
　　네, 감사합니다.

B　お大事(だいじ)に。
　　몸 관리 잘하세요.

제7과 病気 | 병

- A あれ、どうしたの？
  응? 왜 그래?

- B なんか 同僚(どうりょう)の風邪(かぜ)が うつっちゃったみたい。
  동료한테 감기가 옮은 거 같아.

- A 本当に？仕事、さぼりたくて 仮病(けびょう) 使ってるんじゃないの？
  진짜? 일하기 싫어서 꾀병 부리는 거 아니야?

- B ちがうよ。 悪寒(おかん)も あるし、頭痛(ずつう)もする。
  아니야. 오한이 들고 두통도 있어.

- A そう。「ばかは 風邪(かぜ)を ひかない」っていうのにね。
  그래? 바보는 감기 안 걸린다고 하던데.

- B あのねえ。 ほら、熱(ねつ)が 38度(ど)も ある。
  저기, 나 열이 38도나 되거든?

- A そりゃ、大変だ。
  그건 좀 힘들겠다.

- A ごほん、ごほん。
  콜록, 콜록.

- B だいじょうぶですか。なんか 風邪(かぜ)ひいてらしたって 聞いてましたけど。
  괜찮아요? 감기 걸리셨다면서요.

- A まだ ちょっと 体調(たいちょう)が 悪くて。ごほん、ごほん。
  아직도 컨디션이 별로 안 좋네요. 콜록, 콜록.

- B だいじょうぶですか。 家で 寝てた方が いいんじゃないですか。
  괜찮으세요? 집에 가서 자는 게 좋지 않을까요?

- A 今日、ちょっと 早退(そうたい)します。
  오늘 조퇴하겠습니다.

시츄에이션 일본어 회화

B　はい、ゆっくり 休んでください。
　　네, 푹 쉬세요.

다음은 아내가 직장에서 쓰러져서 집에 돌아오고, 병문안하러 온 이웃 사람들과 가족들 과의 대화입니다.

 無理(むり)する | 무리하다

「귀가일기」 8회 24:00～25:59

むすめ	ママ、だいじょうぶ？

엄마, 괜찮아?

妻(つま)　うん。心配(しんぱい)ないよ。
　　응, 걱정할 필요 없어.

(잠시 후 남편이 달려 와서)

夫(おっと)　さなえ！
　　사나에!

むすめ　しー。
　　쉿.

妻　静かに してよ、頭(あたま)に ひびくんだから。
　　조용히 해, 머리 울려.

夫　あ、ごめん。
　　아, 미안해.

女1　つかれてるのに 無理して 働(はたら)いたもんだから。
　　しばらく 安静(あんせい)に するようにってお医者様が。
　　지친데다가 무리해서 일을 했으니까.
　　잠시 안정을 취하라고 의사선생님께서 말씀하셨어요.

夫　みんなに 心配かけて。ケーキ屋の方は 大丈夫なんですか？
　　걱정하게 만들고 말야. 케이크 가게는 괜찮아요?

女1　私から 店長(てんちょう)に 連絡(れんらく)して おきました。
　　제가 점장님께 연락해 뒀어요.

제7과 病気 | 병

夫	すみません。
	고맙습니다.
女2	がんばり すぎたのね。ゆっくり やすんでください。
	무리했나봐요. 푹 쉬세요.
妻	はい。
	네.

* 頭(あたま)にひびく : 머리에 울리다.
* 安静(あんせい)にする : 안정을 취하다.
* ゆっくりやすむ : 푹 쉬다.

다음은 감기 증세가 있어서 회사를 조퇴하고 집에 돌아온 남편과 마치 밖에서 돌아온 아내와 딸과의 대화입니다.

 かぜをひく | 감기에 걸리다

「귀가일기」 4회 34:38~35:12

むすめ	パパ。
	아빠.
妻(つま)	あら、あなた どうしたの？
	어머, 당신 어쩐 일이야?
夫(おっと)	うーん、風邪 引いたみたい。早退(そうたい)した。
	응, 감기 걸린 것 같아. 조퇴했어.
むすめ	病気(びょうき)なの？
	병에 걸린거야?
夫	うん。
	응.
むすめ	パパ 死なないで。
	아빠, 죽지마.
夫	うん、死なないと思う。
	응, 안 죽어.

妻	本当は エクササイズ さぼりたくて 仮病(けびょう) 使ってるんじゃないの？	
	안 아픈데 운동 안 가려고 꾀병 부리는 거 아냐?	
夫	あのねえ。38度(ど)だよ、見てよ。	
	이봐, 38도라고. 이거 봐.	
妻	本当だ。熱のほかには？	
	정말이네. 열나는 거 말고는?	
夫	頭痛(ずつう)と 悪寒(おかん)かな。	
	두통이랑 오한 정도.	
妻	あなたでも 引くのね、風邪。	
	당신도 감기에 걸리는 구나.	
夫	ばかだとか 言いたいの？	
	내가 바보라고 말하고 싶은거야?	

다음은 かずま가 감기에 걸린 장인과 밖에서 만났는데 사무실에 들어오니 목이가 갑자기 아파진 장면입니다.

 かぜが うつる |감기가 옮다.

「귀가일기」 4회 31:51~32:04, 33:02~33:13

(밖에서)

かずま	お父さん、おはようございます。	
	아버님. 안녕하세요.	
義父(ぎふ)	かずまくん、おは、、。ごほん、ごほん、、。	
	가즈마 자네...	
かずま	なんか 風邪 引いてらしたって 聞きましたけど。大丈夫ですか？	
	감기 걸리셨다고 들었는데요. 괜찮으세요?	
義父	まだ ちょっとね。	
	아직 조금.	

제7과 病気 | 병

かずま 家で 寝てた方が いいんじゃないですか。
댁에서 주무시는 편이 좋지 않을까요?

(사무실에 들어와서)

かずま あれ？お父さんの風邪、うつっちゃったかな。
어? 장인어른께 감기를 옮은 건가.

女社員 どうかしました？
무슨 일이세요?

かずま なんか ちょっと 風邪 ひいちゃったみたい。
아, 그게 감기 걸린 것 같아.

다음은 환자에 대해서 의사가 환자 아들에게 조언을 하고 있는 장면입니다.

 조언할 때의 표현

医者(いしゃ) 今の環境(かんきょう)にストレスの原因(げんいん)があるとしたら、環境を変えてあげたほうがいいと思います。
지금 환경에 스트레스의 원인이 있다면 환경을 바꾸어 주는 편이 좋다고 생각합니다.

かんじゃ(患者)のむすこ それは、ひっこしってことですか？
그건, 이사하란 말씀이신가요?

医者 はい。
네.

시츄에이션 일본어 회화

シチュエーション 2 **つかれる** | 지치다

회화 4

A なんか、つかれてるね。
피곤해 보인다?

B うん。最近(さいきん)、忙(いそが)しくて。
응. 요즘 바쁘거든.

A 何がそんなに忙しいの？
뭐가 그렇게 바빠?

B そうじに、せんたく、料理(りょうり)に子そだて。主婦(しゅふ)もハードな日々(ひび)なのよ。
청소에 빨래, 요리에 육아까지. 주부도 힘든 나날이라고.

A へえ。じゃあ、今日はゆっくり休んで、また明日(あした)からがんばって。お茶(ちゃ)、入(い)れるね。
그렇구나. 그럼 오늘은 느긋하게 쉬고, 다시 내일부터 힘내. 차 끓일게.

B うん。ありがとう。
응. 고마워.

제7과 病気 | 병

다음은 힘들다고 하는 동료에게 차를 권하는 장면입니다.

@ つかれる | 지치다

「행복해지자」 4회 16:07~13

女1 つかれた。
힘들다.

女2 お茶(ちゃ)、のむ？
차 마실래?

女1 うん。ありがとう。
응. 고마워.

다음은 남편이 아내 어깨를 주물러 주면서 하는 대화입니다.

つかれが とれる | 피로가 풀리다

「귀가일기」 4회 00:49~

妻 あー、一日のつかれが とれる。
아~ 오늘 하루의 피로가 풀리네.

夫 しごとで つかれてるの、こっちなんだけど。
일 때문에 지친 건 난데 말이지.

妻 主婦だって疲れるの。そうじ、せんたく、料理に子そだて。ハードな日々なのよ。
주부도 지친다고. 청소에 세탁, 요리에 육아까지. 힘든 나날이라고.

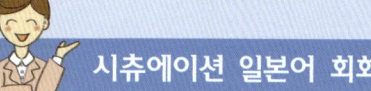

시츄에이션 일본어 회화

다음은 직원이 다케가 피곤해 보인다고 하고 있는 장면입니다.

 気づかれ | 정신적인 피로

「프리터 집을 사다」 6회 15:13~24

職員(しょくいん) ずいぶんと おつかれのようですね。
많이 피곤하신 것 같네요.

たけ つかれてるように 見えます？
피곤해 보이나요?

職員 ええ、かなり。
네, 꽤.

たけ まあ、気(き)づかれってやつかなあ。
뭐, 정신적으로 지쳤다고 할까요.

職員 たけさんが気づかれ？
다케씨가 정신적으로 지쳐요?

たけ え？
네?

제7과 **病気** | 병

シチュエーション 3　　**病院** | 병원

医者(いしゃ)　どうされましたか？
어디가 안 좋으신가요?

患者(かんじゃ)　熱(ねつ)があって、頭(あたま)が痛(いた)いんです。
열이 있고 머리가 아파요.

医者　せきは出(で)ますか。
기침은 하나요?

患者　せきは出ないんですけど、のどは痛いです。
기침은 안 하는데, 목은 아파요.

医者　ちょっと、のどを 見せてください。
그럼 목 좀 볼게요.

患者　(口をあけて)あー。
(입을 열고) 아.

医者　じゃあ、お薬(くすり)を 3日分(みっかぶん)、出(だ)して おきます。
그럼 약 3일 치 처방해 드릴게요.

薬を 飲んでも 熱が 下(さ)がらない ようでしたら、また 来て ください。
약을 먹어도 열이 안 내리면 또 오세요.

173

시츄에이션 일본어 회화

患者 はい、ありがとう ございました。
네, 감사합니다.

회화 6

医者(いしゃ) このまま 入院(にゅういん)して、ようすを 見ていきましょう。
이대로 입원해서 상태를 지켜 봅시다.

夫(おっと) 先生、夜分(やぶん)に 対応(たいおう)していただき、ありがとう ございました。
선생님, 밤 늦은 시간인데도 봐주셔서 감사합니다.

医者 いえ。
아닙니다.

看護婦(かんごふ) 熱(ねつ)は 下(さ)がりましたから。何かあったら、すぐ よんで くださいね。
열은 내려갔으니까요. 무슨 일이 생기면 바로 불러주세요.

夫 はい。
네.

회화 7

A 先生、何だって？
선생님, 뭐라고요?

B この 週末(しゅうまつ)、問題(もんだい)が なければ、週明(しゅうあ)けにでも 退院(たいいん)しましょうって。
이번 주말에 문제가 없으면 주말 지내고 퇴원하자고요.

A そう。よかった。
아, 잘 됐다.

제7과 **病気** | 병

다음은 의사가 환자 상태를 보고 약을 처방하는 장면입니다.

 **くすりを出す | 약을 처방하다**

「프리터 집을 사다」 3회 24:26~24:52

医者 お薬(くすり)は、きちんと 飲めてますね。
약은 꼬박꼬박 챙겨 드시죠?

母 はい。
네.

医者 この調子(ちょうし)で つづけてみましょう。同じ お薬を 出しておきます。
이대로 계속 해봅시다. 같은 약을 처방해 드릴게요.

看護婦(かんごふ) たけさん、こちらに どうぞ。
다케씨, 이쪽으로 오세요.

母 ありがとう ございます。
감사합니다.

다음은 어머니가 쓰러져서 아들과 병원에 왔다가 의사가 입원을 권하는 장면입니다.

 **入院(にゅういん)する 1 | 입원하다**

「フリーター」 5話 31:34~32:26

医者 このまま 入院して、ようすを 見ていきましょう。
이대로 입원해서 상태를 지켜봅시다.

母 もう だいじょうぶです。
이제 괜찮아요.

息子 ああ、母さん、母さん。ね、入院しよ。
아, 엄마, 엄마. 입원하자, 응?

母 でも、家を あけたら、お父さん こまるし、せいじも たいへんだし。
그래도 집을 비우면 아빠도 곤란하시고 세이지도 힘들잖아.

175

시츄에이션 일본어 회화

息子 だいじょうぶだから。今は、母(かあ)さん、一番に 自分の体のこと、考えて。
괜찮아. 지금은 엄마, 자기 자신을 제일 우선시 하라고.

母 でも。
그래도

息子 そうしてくれるのが、一番 安心(いちばん あんしん)だから。おれも おやじも。
그렇게 하는 게 제일 안심된다고. 나도 아빠도.

다음은 아내가 입원을 하게 되어 남편이 의사에게 인사하는 장면입니다.

入院(にゅういん)する 2 | 입원하다

「フリーター」5話 33:06~33:20

夫 先生、夜分(やぶん)に 対応(たいおう)していただき、ありがとう ございました。
선생님, 밤 늦은 시간인데도 봐주셔서 감사합니다.

医者 いえ。
아닙니다.

夫 妻を よろしく おねがいします。
아내를 잘 부탁 드릴게요.

医者 はい。
네.

夫 しつれいします。
실례합니다.

제7과　病気 | 병

다음은 임산부인 아내가 열이 나서 응급병원에 왔다가 검사입원을 하게 되는 장면입니다.

入院(にゅういん)する 3 | 입원하다

「행복해지자」 5화 04:27~4:54

看護婦(かんごふ)　熱(ねつ)は　下(さ)がりましたから。何かあったら、すぐ　よんでくださいね。
열은 내려갔으니까요. 무슨 일이 생기면 바로 불러주세요.

妻　はい
네.

妻　先生、何だって？
선생님, 뭐라셔?

夫　だいじょうぶ。こどもに　えいきょうないって。
괜찮아. 아기한테 영향은 없대.

妻　そう。
그래.

夫　検査入院(けんさにゅういん)も、念(ねん)のためだから、しんぱいしなくていいよ。
검사입원도 만약을 위해서니까 걱정 하지마.

다음은 입원 중인 어머니가 의사에게 아직 퇴원을 못하는지 물어보는 장면입니다.

退院(たいいん)する 1 | 퇴원하다

「フリーター」 6話 20:48~21:06 退院

医者(いしゃ)　こんにちは。
안녕하세요.

母　先生、まだ退院(たいいん)できませんか？
선생님, 아직 퇴원은 못 하나요?

177

医者	そうですね。この週末(しゅうまつ)、問題がなければ、週明(しゅうあ)けにでも退院しましょう。 음. 이번 주말에 문제가 없다면 빠르면 다음 주 월요일에 퇴원하는 걸로 하죠.
娘	良かったね、お母さん。 잘 됐다, 엄마.

다음은 환자가 퇴원 시 의사에게 감사 인사를 하는 장면입니다.

退院(たいいん)する 2 | 퇴원하다

「행복해지자」 10화 38:28~

患者(かんじゃ)	長い間(あいだ)、お世話になりました。 오랫동안 감사했습니다.
医者(いしゃ)	やしろさん、おだいじに。 야시로 씨, 건강하세요.
患者	また来月(らいげつ)、うかがいます。 다음 달에 또 올게요.
医者	はい、おねがいしますね。 네, 그때 봬요.

제7과 病気 | 병

ポイント・チェック

シチュエーション 1　　**かぜをひく** | 감기에 걸리다

1
- 顔色(かおいろ)、悪(わる)いですよ。　　얼굴색이 안 좋은데.
- かぜひいちゃって。　　감기에 걸려서.
- なんか同僚(どうりょう)のかぜがうつっちゃったみたい.
　　　　　　　　　　　　　　　왠지 동료한테 감기가 옮은 거 같다.
- 熱(ねつ)が38度(ど)もある。　　열이 38도나 돼.
- 悪寒(おかん)もあるし、頭痛(ずつう)もする。
　　　　　　　　　　　　　　　오한도 있고 두통도 있어.
- まだちょっと体調(たいちょう)が悪くて。
　　　　　　　　　　　　　아직도 컨디션이 별로 안 좋아서.

표현1 병에 대한 표현
- かぜをひく　　　　　　　　　감기 걸리다
- 病気(びょうき)になる　　　　　병 걸리다
- 病気が{治(なお)る/よくなる}　　병이{낫다/좋아지다}
- 具合(ぐあい)/気分(きぶん)/体調(たいちょう)
  /体の調子(ちょうし)/顔色(かおいろ)が悪い
　　　　　　상태/기분/컨디션/몸 상태/안색 이(가) 나쁘다
- かぜがうつる/かぜをうつす
- 熱(ねつ)がある。
- 頭痛(ずつう)　　　　　　　　두통
- 悪寒(おかん)　　　　　　　　오한

시츄에이션 일본어 회화

2 薬(くすり)は飲んでいるんですか。

> 해설 「약을 먹다」는, 「○薬を飲む」と言う。「×薬を食べる」とは言わないので、주의すること。

3 しばらく安静(あんせい)にするようにってお医者様(おいしゃさま)が。
잠시 안정을 취하라고 의사선생님께서 말씀하셨어요.

> 해설 しばらく安静にするようにってお医者様が。(おっしゃっていました)
> 잠시 안정을 취하라고 의사선생님께서(말씀하셨어요.)

> 표현2 정보를 바탕으로 조언할 때의 표현
> _____って_____。(~고~) : 「~と~」의 구어표현

예) · 水をたくさん飲むといいってお医者さんが言ってました。
　　물을 많이 마시면 좋다고 의사선생님께서 말씀하셨어요.
　· 水をたくさん飲むといいってテレビで言ってました。
　　물을 많이 마시면 좋다고 TV에서 그러더라구요.
　· 水をたくさん飲むといいって聞きました。
　　물을 많이 마시면 좋다고 들었어요.

(친한 사이에서 사용하는 표현)
　· 水をたくさん飲むといいんだって。　　물을 많이 마시면 좋대.
　· 水をたくさん飲むといいってテレビで言ってた。
　　물을 많이 마시면 좋다고 TV에서 그러더라.

4
· おだいじに。　　　　　　　　　　　몸조심하세요
· 無理(むり)しないでくださいね。
· ゆっくりやすんでください。　　　　푹 쉬세요.

> 표현3 병문안 갔을 때의 표현
> 　· おだいじに。　　　　　　　　　몸조심하세요

제7과 病気 | 병

- おだいじになさってください。　　　몸조심하세요.
- ゆっくり休んでください。　　　　　푹 쉬세요.
- ゆっくりなさってください。　　　　푹 쉬세요.

5 仕事 さぼりたくて けびょう 使ってるんじゃないの？

　　　　　　　　　　　　　　　일 안 가려고 꾀병부리는거아냐?

　해설　仮病(けびょう)を使う　　　　꾀병 부리다

6 馬鹿(ばか)は風邪(かぜ)を引(ひ)かない - 慣用句(관용구)

　　　　　　　　　　　바보는 감기에 걸리지 않는다

　해설　둔한 자는 감기에 걸렸단 점을 깨닫지 못한다. 바보는 그만큼 둔감하다는 뜻.

　　　비슷한 표현에 「夏風邪は馬鹿が引く」('여름 감기는 바보나 걸린다')가 있다. 이는 '바보는 겨울에 걸린 감기를 여름에서야 알아챈다'는 뜻.

7 だいじょうぶですか。なんか かぜ引いてらしたって聞いてましたけど。
괜찮으세요? 감기 걸리셨다고 들었는데요.
だいじょうぶですか。家でねてたほうがいいんじゃないですか。
괜찮으세요? 댁에서 주무시는 편이 좋지 않을까요?

　표현4　조언할 때의 표현

　　　- 갑작스럽게 조언하지 말고 공감한다는 말을 먼저 한 뒤에 말한다.
　　　　- だいじょうぶですか。　　　　괜찮으세요?
　　　　- たいへんですね。　　　　　　큰일이네요.
　　　　- それはつらいですね。　　　　힘드시겠어요.

　　　- 조언은 상대방이 막무가내라고 느끼지 않고 기분 좋게 받아들일 수 있도록 강요하는 느낌이 들지 않게 전달한다.

시츄에이션 일본어 회화

　　　　　　　　　たらどうですか。　하는게 어때요?
　　　　　　　　　ほうがいいですよ。 하는게 좋아요.
　　　　　　　　　ほうがいいとおもいますよ。
　　　　　　　　　　　　　　　　　하는게 좋다고 생각해요.
　　　　　　　　　ほうがいいんじゃないですか。
　　　　　　　　　　　　　　　　　하는게 좋지 않을까요?

예) 休んだらどうですか
　　쉬는게 어때요?
　　休んだほうがいい{ですよ/とおもいますよ/んじゃないですか}。
　　쉬는 편이 좋{아요/다고 생각해요/지 않을까요}.

예) 病院に行ったらどうですか。
　　병원에 가는게 어때요?
　　病院に行ったほうがいい{ですよ/とおもいますよ/んじゃないですか}。
　　병원에 가는 편이 좋{아요/다고 생각해요/지 않을까요}.

예) お酒はあまり飲まないほうがいい{ですよ/とおもいますよ/んじゃないですか}。
　　술은 너무 많이 마시지 않는 편이 좋{아요/다고 생각해요/지 않을까요}.

シチュエーション 2　　**つかれる** | 지치다

8 なんか、つかれてるね。　　　　　　피곤해 보인다?

해설　つかれてる＝つかれている　　　지쳐있다
　　→ 결과 상태(結果狀態)를 나타내는「ている」

표현5 상대방이 지쳐 보일 때의 회화 표현
　＜친한 사이에서 사용하는 표현＞
　・なんか、つかれてるね。　　　　　피곤해 보인다?
　・なんか、顔色悪いけど、だいじょうぶ？ 안색이 안 좋은데, 괜찮아?

제7과 病気 | 병

<정중한 표현>
- なんか、おつかれですね。/おつかれのようですね
  　　　　　　　　　　　　많이 피곤하신 것 같네요.
- なんか、顔色悪いですけど、だいじょうぶですか。
  　　　　　　　　　　　　안색이 좋지 않으신데, 괜찮으세요?

응답표현

<친한 사이에서 사용하는 표현>

うん。最近、よく眠(ねむ)れなくて。	응. 요즘 잠을 제대로 못 자서.
つかれやすくて。	쉽게 피곤해져서.
仕事がいそがしくて。	일이 바빠서.

<정중한 표현>

ええ。最近、よく眠れなくて。/よく眠れないんです。
　　　　　　　　　　　　　네. 요즘 잠을 잘 못 자서요.
つかれやすくて。/ つかれやすいんです。　쉽게 피곤해져서요.
仕事がいそがしくて。/ 仕事がいそがしいんです。
　　　　　　　　　　　　　일이 바빠서요.

표현 6 「最近」(최근)외 에 함께 사용되는 표현

- このごろ、　　　　　　　　　　요즘
- このところ、　　　　　　　　　요즘
- ここのところ、　　　　　　　　최근
- ここ○ヶ月ほど前から　　　　　요 몇 개월 전부터

시츄에이션 일본어 회화

シチュエーション 3　病院 | 병원

9 의사：どうされましたか？　　　어디가 안 좋으신가요?
　 환자：熱があって、頭が痛いんです。　열이 있고 머리가 아파요.

　표현7 몸상태를 나타내는 표현

　　　환자：＿＿＿＿＿＿＿んです。　　　　～에요.
　　　• 熱が(38度)ある　　　　　　　　열이(38도) 있다
　　　• 頭痛(ずつう)がする、頭がいたい　두통이다, 머리가 아프다
　　　• さむけ/悪寒(おかん)がする、ぞくぞくする
　　　　　　　　　　　　　　　　　　한기/오한이 나다, 오싹오싹하다
　　　• せき/鼻(水)が出る　　　　　　기침/콧물이 나다
　　　• 体(からだ)/足(あし)/腕(うで)がだるい　몸/다리/팔이 나른하다
　　　• のど/おなか/こしが痛(いた)い　목/배/허리 가 아프다
　　　• すぐつかれる/つかれやすい　　금방 피곤해진다/쉽게 피곤해진다
　　　• 夜(よる)、ねむれない　　　　　밤에 잠에 못 든다

10 じゃあ、薬を三日分(みっかぶん)、出しておきます。

　해설「薬を出す」：医者が薬を処方(しょほう)すること。
　　　　　　　　　　　　　　　　　의사가 약을 처방하는 일.

11 A：先生、何だって？　　　　　선생님, 뭐라셔?
　 B：この週末、問題がなければ、週明(しゅうあ)けにでも退院(たいいん)しましょうって。
　　　이번 주말에 문제가 없다면 빠르면 다음주 월요일에 퇴원하는 걸로 하자고 하시네.

　해설 会話では「おっしゃっていた」「言っていた」を省略して、「～って」で終ることがある。

- 先生、何だって(おっしゃっていた)？　선생님, 뭐라고(말씀하셨어)?
- 週明けにでも退院しましょうって(おっしゃっていた)。

　　　　　　　　　　　　　퇴원하는 걸로 하자고 (말씀하셨어).

- このまま入院して、ようすを見ていきましょう。

　이대로 입원해서 상태를 지켜 봅시다.
- この週末(しゅうまつ)、問題がなければ、週明けにでも退院(たいいん)しましょう。

　이번 주말에 문제가 없다면 빠르면 다음주 월요일에 퇴원하는 걸로 하죠.

해설
- 入院(にゅういん)する　　　　　　　입원하다
- 退院(たいいん)する　　　　　　　　퇴원하다

これ、知ってる?

다음은 몸 상태를 나타내는 의태어입니다. 어떤 의미입니까?

1. むかむかする。
2. ぞくぞくする。
3. くらくらする。
4. がんがんする。

정답
1　토할 것 같은 상태를 나타내는 말. 메슥메슥하다
　　例) 胃(い)が むかむかする。　　　위가 메슥거리다.
2　추위나 공포로 몸이 떨리거나 한기를 느끼는 상태를 나타내는 말. 오싹오싹하다
　　例) 背中(せなか)が ぞくぞくする。　등이 오싹오싹하다.
3　현기증이 나서 쓰러질 듯한 상태를 나타내는 말. 어질어질하다
　　例) 熱(ねつ)で くらくらする。　　열 때문에 어질어질하다.
4　굉장히 강렬한 통증을 나타내는 말. 욱신욱신하다
　　例) 頭(あたま)が がんがんする。　머리가 욱신욱신하다.

 시츄에이션 일본어 회화

こんなとき、どう言う？

 1. 상대방의 병/상태를 물을 때.

<친한 사이에서 사용하는 표현>

{体のぐあい/病状(びょうじょう)}は、どう？
〔몸 상태/병상〕는 어때?

<정중한 표현>

{お体のぐあい/ご病状}は、{いかがでしょうか。/いかがですか。}
〔몸 상태/병상〕은 어떠신지요?

 2. 부상에 대해 물을 때.

<친한 사이에서 사용하는 표현>

けがのぐあいは、どう？
부상 당한 건 좀 어때?

<정중한 표현>

けがのぐあいは、{いかがでしょうか。/いかがですか。}
부상 당하신 건 좀 어떠십니까?

 3. 컨디션이 회복되고 있을 때의 응답표현.

おかげさまで　よくなりました。
덕분에 괜찮아졌습니다.

ずいぶん
꽤

だいぶ
많이

제7과　病気 | 병

ちょっと
조금

4. 회복이 더딜 때의 응답표현.

まだ、ちょっと。
아직 조금.

まだ、病院にかよってます。
아직 병원에 다니고 있어요.

もう少しかかりそうです。
아직 좀 더 걸릴 것 같아요.

회 화 연 습

컨디션이 나빠 보이는 사람에게 쉬는 편이 좋지 않겠냐는 조언을 하려고 합니다.
뭐라고 말하면 됩니까?

休(やす)んだほうがいいんじゃないですか。
쉬는 편이 좋지 않을까요?

시츄에이션 일본어 회화

연 습 문 제

 아래 회화 다음에 오는 말 중 <u>부적절한 것</u>을 3개 중에 하나 고르시오.

❶ 体のぐあいは、どう？

① だいぶよくなった。
② まだ、ちょっと。
③ つかれた。

❷ つかれてるね。

① このごろ、仕事がいそがしくて。
② ゆっくり休んで。
③ 夜、ねむれなくて。

❸ 医者：どうされましたか。

　患者：(　　　　　　　　)

① 顔色(かおいろ)が悪いんです。
② うでが痛(いた)いんです。
③ せきが出(で)るんです。

제7과 病気 | 병

 회화에 나오는 단어

あ行

安静(あんせい)にする …… 안정을 취하다
家(いえ)を空(あ)ける ……… 집을 비우다
うかがう ……………………… 찾아가다
エクササイズ ………………… 운동
悪寒(おかん) ………………… 오한
思(おも)わしくない …… 바람직하지 않다
おやじ ………………………… 아버지

か行

回復(かいふく) ……………… 회복
かぜをひく ………………… 감기에 걸리다
かぜがうつる ……………… 감기가 옮다
体(からだ)の調子(ちょうし) …… 컨디션
環境(かんきょう) …………… 환경
気(き)づかれ ……… 정신적인 피로
薬(くすり)を出(だ)す …… 약을 처방하다
仮病(けびょう)を使(つか)う
 ………………………… 꾀병을 부리다
原因(げんいん) ……………… 원인
子(こ)そだて ………………… 육아
この調子(ちょうし) ………… 이 상태

さ行

週明(しゅうあ)け ‥새로운 한 주가 시작
 되는 날. 보통 월요일.

主婦(しゅふ) ………………… 주부
頭痛(ずつう) ………………… 두통
ストレス ……………………… 스트레스
せんたく ……………………… 세탁
そうじ ………………………… 청소

た行

連(つ)れていく ……………… 데려가다
店長(てんちょう) …………… 점장
~度(ど) ……………………… ~도

な行

ハードな日々(ひび) ……… 힘든 나날
ばか …………………………… 바보
ひびく ………………………… 울리다

ま行

むりする ……………………… 무리하다

や行

夜分(やぶん) ………………… 밤, 야간
様子(ようす)を見る …상황을 두고 보다

ら行

料理(りょうり) ……………… 요리

쉬어가기

ほうげん

関西(かんさい)では "大変(たいへん)だ(힘들다)" とか "(体調が悪くて)気持(きも)ちが悪い(컨디션이 나빠서)기분이 좋지 않다" 를 「しんどい」 라고 합니다.

ゆうくん　しんどいわ。
　　　　　힘들어.

ともちゃん　だいじょうぶ？病院、行ったほうが いいんじゃない？
　　　　　　괜찮아? 병원 가보는게 좋지 않을까?

ことわざ

일본의 속담(ことわざ)과 관용구(慣用句, かんようく)가 회화에서 어떻게 쓰일까요? 7과에서는 「 内助(ないじょ)の功(こう) 」입니다.

女1　昇進(しょうしん)か～。昇進すれば 給料(きゅうりょう)も ボーナスも 増(ふ)えるのよね。
　　　승진이라. 승진하면 급료도 보너스도 늘어나지?

男　そりゃ、そうでしょう。
　　　그야 당연하지.

女1　でも うちの だんな、あんまり 出世(しゅっせ)しなさそうな 感じだなあ。
　　　하지만 우리 남편은 별로 출세 못할 것 같은 느낌이야.

女2　肩書(かたが)きなんか いいじゃないですか、家庭が 幸せなら。
　　　직급이야 아무래도 좋잖아요, 가정만 행복하면.

女1　でも、だんなの 地位(ちい)が 高いに 越(こ)したことは ないと 思う。
　　　그래도 남편의 지위가 높은 것 만큼 좋은 일은 없다고 생각해.

男 じゃあ、奥(おく)さんの 力(ちから)で 出世させて あげれば いいじゃ ないですか。
자, 아내의 힘으로 출세 시키면 되잖아요.

女1 どうやって？
어떻게?

男 「内助(ないじょ)の功(こう)」って やつですよ。
'내조의공'이에요.

女1 内助の功？
내조의 공?

女2 奥(おく)さんが 陰(かげ)で 支(ささ)えて、だんなさんを 出世させ るって ことね。
아내가 뒤에서 서포트해서 남편을 출세시킨단 말이에요.

男 そうそう。来年(らいねん)の 大河(たいが)ドラマでやる 山内一豊(や まうち かずとよ)の 奥さんが内助の功で 有名(ゆうめい)なんですよ。
맞아요. 내년 대하 드라마에 나올 야마우치 가쓰토요의 부인이 내조의 공으로 유명해요.

女1 へえ～。どんな 話(はなし)？
그렇구나. 어떤 얘기야?

「귀가일기」 10話 1:55～2:29

MEMO

제8과

遊びに行く(あそびにいく)

| 놀러가다

학습내용

シチュエーション 1 デートする | 데이트하다
シチュエーション 2 旅行(りょこう)する | 여행하다
シチュエーション 3 旅行(りょこう)について話す
　　　　　　　　　 | 여행에 대해 이야기하다
シチュエーション 4 おみやげをあげる | 선물을 주다

학습목표

- 데이트나 여행 등의 외출 시에 자주 사용되는 어휘와 표현을 습득하고, 내용과 상대에 따라 표현을 구별해 사용할 수 있는 능력을 기른다.

시츄에이션 일본어 회화

シチュエーション 1　デートする | 데이트하다

데이트를 신청할 때 뭐라고 하면 될까요?

 회화 1

A　田中さん、今週の日曜日、時間 ありますか。
　　다나카 씨, 이번 주 일요일에 시간 있어요?

B　日曜日ですか。今のところ 何の ようじも ないですけど。
　　일요일이요? 지금은 별 계획 없는데요.

A　あ、よかった。ちょうど「劇団四季(げきだんしき)」の ミュージカル の チケットが 二枚あって、もし 興味(きょうみ)が あったら いっしょに 行きませんか。
　　아, 다행이다. 마침 극단 사계의 뮤지컬 티켓이 2장 생겨서, 혹시 관심 있으시면 같이 가실래요?

B　ミュージカルですか。行ってみたいとは　思うんですけど。何時からですか？
　　뮤지컬이요? 가보고 싶긴 한데. 몇 시부터인가요?

A　夜8時からです。
　　밤 8시부터예요.

B　じゃあ、ちょっと 夜は むずかしいですね。
　　아, 밤에는 좀 힘들겠네요.

A　そうですか。
　　아 그래요?

제8과　遊びに行く ｜ 놀러가다

B　はい。また さそってください。
　　네, 다음에 데려가 주세요.

A　明日、花火大会(はなびたいかい)があるんだって。
　　내일 불꽃축제가 있대.

B　そうなんですか。
　　그래요?

A　いっしょに行こうよ。
　　같이 가자.

B　あ、楽しそうですね。
　　네, 재밌겠네요.

A　じゃあ、明日7時に駅前(えきまえ)で待ってるから。
　　그럼 내일 7시에 역 앞에서 기다릴게.

B　はい。
　　네.

A　あー、いい天気ですね。
　　날씨 좋네요.

B　そうだね。映画おもしろかった？
　　그러네. 영화 재미있었어?

A　はい。これからどうしますか。
　　네, 이제 뭐할까요?

B　夜のディズニーシーに行ってみたくない？
　　밤에 디즈니시 가 보고 싶지 않아?

A　わあ、行きたい。まだ夜は行ったことないんですよ。
　　와, 가 보고 싶어요. 아직 밤에는 가본 적 없어요.

195

시츄에이션 일본어 회화

B じゃあ、今から行こうよ。
그럼 지금 가자.

A はい。夜景(やけい)が楽しみ。
네. 야경이 기대되네요.

회화 4

A ありがとうございます。今日はすごく楽しかった。
감사합니다. 오늘은 즐거웠어요.

B よかった。
다행이다.

A またさそってください。
다음에 또 불러주세요.

B うん。じゃあ、家まで気をつけて帰ってね。
응. 그럼 집까지 조심히 가.

A はい。じゃあ、また。
네. 그럼.

다음은 남자가 여자에게 전화를 걸어서 데이트 신청하는 장면입니다.

 デートに さそう | 데이트를 신청하다

「호타루의 빛」 4회 30:36~32:00

女 もしもし。
여보세요

男 あ、てしまです。
아, 데시만데요.

女 あまみやです。
아마미야에요.

第8과　遊びに行く ｜ 놀러가다

男　じつは、東京デザインアワードというのがあって。
　　　실은 도쿄 디자인 어워드란게 있는데요.

(여기 여자 말은 소리 안 나게 해 주세요.)

女　へえ、そういうのがあるんですか。
　　　아, 그런 게 있나요?

男　はい。それで、あの、おれ、ロイヤル、、。
　　　네. 그래서, 저기, 제가, 로얄…

女　ロイヤル・プリミアム・ペアチケット！あ、それがどうかしたんですか？
　　　로얄 프리미엄 페어티켓! 그게 어쨌는데요?

男　いっしょに行きませんか？
　　　같이 가지 않으실래요?

　　　もしもし。
　　　여보세요.

女　はい。
　　　네.

男　明日、7時にさいごうやま公園(こうえん)の会場(かいじょう)で待ってます。
　　　내일, 7시에 사이고야마 공원 회장에서 기다릴게요.

女　はい。
　　　네.

男　よかったら、来てください。
　　　괜찮으시면 와 주세요.

女　はい。
　　　네.

男　待ってます。
　　　기다릴게요.

女　はい。
　　　네.

시츄에이션 일본어 회화

다음은 남녀4명으로 그룹 데이트하자고 하는 장면입니다.

デートにさそう 2 | 데이트를 신청하다2

「귀가일기」 5회 06:26~06:47)

さき 明日 どこ行こっかな。
내일 어디 갈까?

男1 そうだ。ねえ、あのさ 明日、さきちゃんと 4人で グループデートなんて どうかなあ？
그러게. 내일 사키까지 4명이서 그룹데이트하는 건 어때?

男2 4人っておれも？
4명이면 나도?

男1 お台場(だいば)、六本木(ろっぽんぎ)ヒルズ、ご案内(あんない)します。
오다이바, 롯본기힐즈, 안내할게.

さき あ、うれしい。行きましょうよ。
아, 잘됐다. 가요.

女 そうねえ。健康的(けんこうてき)で いいかもね。
그러게. 건강에도 좋을 거 같네.

男1 じゃ、決まりね。
자, 그럼 결정된 거다.

さき はい。
네.

旅行にさそう | 여행가자고 할 때

「하나와가의 네자매」 4회 27:35~27:48

男 パナマ 行ったことあります？
파나마에 가본 적 있어요?

女 いいえ、行ってみたいとは 思うんですけど。
아니오. 가보고 싶기는 하지만.

男 じゃあ、今度 ごいっしょしませんか？来月ちょうどね、パナマに出張で行くんですよ。
いいですよ、パナマ。最高ですから。
그럼 같이 가지 않으실래요? 마침 다음 달에 파나마로 출장가요. 파나마 좋지요. 최고에요.

제8과　遊びに行く | 놀러가다

シチュエーション 2　　旅行する | 여행하다

일본에서는 여관에서 손님을 접대하는 여자 직원을 仲居(なかい)라고 하고, "仲居さん"이라고 부릅니다.

여관에서

客(きゃく)　いい所(ところ)ですねえ。
좋은 곳이네요.

仲居(なかい)　ありがとうございます。お客さんは、どちらから　いらしたんですか。
감사합니다. 손님은 어디에서 오셨나요?

客　東京(とうきょう)です。
도쿄요.

仲居　そうですか。
그러시군요.

客　ここは静(しず)かで、のんびりできそうです。
여기는 조용해서 여유 있게 지낼 수 있겠네요.

仲居　京都(きょうと)は　はじめてですか。
교토는 처음 오셨나요?

客　いえ、何回(なんかい)か　来ました。でも　春に　来たのは　今回が　はじめてです。
아니요. 몇 번 왔었어요. 그래도 봄에 온 것은 이번이 처음이에요.

199

시츄에이션 일본어 회화

仲居　そうですか。「哲学(てつがく)の道(みち)」には　行かれましたか。あそこは　今なら　桜(さくら)がきれいですよ。
그러시군요. '철학의 길'에 가 보셨나요? 거기 지금 가면 벚꽃이 예뻐요.

客　あ、花見(はなみ)スポットだと　ガイドブックに　書いてありました。行ってみたいと　思ってたんですよ。

明日　行ってみます。今日は、今から　この辺を　ちょっと　散歩してきます。
아, 꽃구경하기 좋은 곳이라고 가이드북에 쓰여 있었어요. 가 보고 싶다고 생각했어요.
내일 가보려고요. 오늘은 지금부터 이 근처 산책 좀 하고 올게요.

仲居　そうですか。今日の　ご夕食(ゆうしょく)は、7時からと　なっておりますので、それまでごゆっくりお過ごしください。
그러세요? 오늘 저녁은 7시부터이니 그때까지 여유 있게 시간 보내시기 바랍니다.

客　はい。あの、おふろは　何時からですか。
네. 목욕은 몇 시부터 할 수 있나요?

仲居　大浴場(だいよくじょう)は 5時からと　なっております。
대욕장은 5시부터입니다.

客　じゃあ、ちょっと　散歩(さんぽ)してから、お風呂に　入ってこようかな。
그럼 산책하고 와서 목욕하고 와야겠네요.

仲居　ええ、じゃあ、ごゆっくり。
네. 그럼 잘 다녀오세요.

 회화 6　사진을 찍다

A　すみません。写真(しゃしん)、とって　もらえますか。
실례합니다. 사진 좀 찍어주시겠어요?

B　はい、いいですよ。
네, 좋아요.

A　じゃあ、とりいをバックに　おねがいします。ここを　おせばいいので。
그럼 뒤에 신사 입구를 배경으로 해주세요. 여기 누르시면 돼요.

B　はい、じゃあ とりますよ。あ、もう ちょっと 後ろに 行ってください。

あ、オッケーです。じゃあ、はい チーズ。
그럼 찍겠습니다. 조금만 뒤로 가 주세요.
네, 됐습니다. 치~즈.

(カシャッ)
(찰칵)

A　ありがとう ございました。(사진 보고) あ、いい感じ。
　　감사합니다. (사진 보고). 잘 나왔네요.

회화 7 전화로 숙소를 예약하다 2

A　はい、京旅館(きょうりょかん)で ございます。
　　네, 교여관입니다.

B　あの、宿(やど)の予約(よやく)を お願(ねが)いしたいんですけど。
　　저기, 방을 예약하고 싶은데요.

A　はい、ありがとう ございます。では、お名前(なまえ)と ご宿泊(しゅくはく)の 日にちを 承(うけたまわ)ります。
　　네, 감사합니다. 그럼 이름과 숙박 날짜를 말씀해주세요.

B　たなかと もうします。宿泊(しゅくはく)は 来月(らいげつ)の２０、２１です。
　　다나카입니다. 숙박은 다음 달 20, 21일입니다.

A　かしこまりました。何名様(なんめいさま)でしょうか。
　　알겠습니다. 몇 분이신가요?

B　二人です。
　　두 명입니다.

A　お部屋(へや)は、和室(わしつ)8畳(じょう)から11畳(じょう)に なっておりますが。
　　방은 일본식 다다미 8장에서 11장 크기입니다만.

B　あの、できれば 中庭(なかにわ)の 見(み)える お部屋が いいんですが。
　　가능하면 정원이 보이는 방이 좋은데요.

A　中庭の 見える お部屋は 10畳(じょう)と 11畳(じょう)に なっております。
　　정원이 보이는 방은 10장 크기와 11장 크기입니다.

시츄에이션 일본어 회화

B じゃあ、10畳の お部屋を おねがいします。
그럼 10장짜리 방으로 해주세요.

A かしこまりました。お部屋は 20日(はつか)の 午後(ごご) 3時から 入れます。お気をつけておこしください。
알겠습니다. 방은 20일 오후 3시부터 입실 가능합니다. 조심해서 오세요.

B はい、よろしくおねがいします。
네, 잘 부탁드립니다.

전화로 숙소를 예약하다 2

A はい、京旅館(きょうりょかん)で ございます。
네, 교여관입니다.

B あの、今週末(こんしゅうまつ)なんですが、お部屋、あいてますか。
이번 주말에 빈방 있나요?

A もうしわけ ございません。今週末は、満室(まんしつ)と なっております。
죄송합니다. 이번 주말에는 만실입니다.

B そうですか。わかりました。ありがとうございます。
그래요? 알겠습니다. 감사합니다.

A またの ご予約(よやく)、お待ちして おります。
다음번 예약 기다리고 있겠습니다.

다음은 아내와 딸이 집안에서 여관 기분을 맛보기 위해서 남편이 仲居(なかい)처럼 대접하고 있는 장면입니다.

旅館 気分 | 여관 기분

「귀가일기」 5화 15:54~16:36 온천여행

妻 のんびり。
한가롭다.

娘 のんびり。
한가롭네.

제8과　遊びに行く ｜ 놀러가다

　妻　　お茶はまだ？
　　　　차는 아직이야?

　夫　　あ、はい。ただいま。
　　　　아, 여기. 차 가져왔어.

　　　　はいはいはい。お待たせしました。いらっしゃいませ。
　　　　자자. 많이 기다리셨죠. 어서오세요.

　妻　　どうも。
　　　　고마워요.

　夫　　はい、こちら。お茶になりますね。
　　　　네. 여기 차 가져왔습니다.

　　　　お客様はどちらからいらしたんですか？
　　　　손님은 어디에서 오셨어요?

　妻　　東京です。
　　　　도쿄에서요.

　夫　　ああ、そうですか。はい、こちら おかしですね。
　　　　아, 그러세요. 여기, 과자도 가져왔어요.

　　　　じゃ、ごゆっくりしてらしてください。
　　　　그럼 푹 쉬세요.

　妻　　ありがとう。まどか、おふろ はいろうか。
　　　　고마워요. 마도카, 탕에 들어갈까?

다음은 사진을 찍고 있는데 그 모습을 이웃 사람이 같이 보면서 대화하는 장면입니다.

 写真をとる ｜ 사진을 찍다

「귀가일기 2」 2회 11:30〜

이웃 사람　　きねん写真ですか？いいですね。
　　　　　　기념사진인가요? 좋네요.

남자　　　　お店のホームページにのせる写真なんです。
　　　　　　가게 홈페이지에 올릴 사진이에요.

이웃 사람　　あー、そうですか。
　　　　　　아, 그러세요.

남자　　　　じゃ、とるよ。
　　　　　　자, 찍을게요.

시츄에이션 일본어 회화

이웃 사람　はい、チーズ。笑って、笑って。
　　　　　자, 치즈. 웃어요, 웃으세요.

다음은 전화로 방을 예약하려고 하고 있는 장면입니다.

電話で宿を予約する | 전화로 숙소를 예약하다

「귀가일기」 5회 05:04~05:54

客	あの、明日なんですけど、部屋とかって あいてますかね。 저기, 내일 말이죠, 빈방 있을까요?
旅館1	あいにく、連休中(れんきゅうちゅう)は すでに 満席(まんせき)と なっておりまして。 공교롭게도 연휴 중에는 만원입니다.
客	ですよね。いや, にんきの 旅館なんで、あいてるわけないと 思ったんですけど。 はい、ありがとうございます。 역시. 인기있는 여관이 비어있을 리가 없다고는 생각했어요. 네, 고맙습니다. そりゃ、そうだよな。次か。 그럼 그렇지. 자, 다음.
旅館2	もうしわけありません。満室(まんしつ)でして。 죄송합니다. 만실이라서요.
客	わかりました。ありがとうございます。 알겠습니다. 감사합니다.
旅館3	全室(ぜんしつ)ふさがっておりまして。 방이 다 찼습니다.
客	はい、わかりました。ありがとうございます。 네, 알겠습니다. 감사합니다.
旅館4	あいにくなんですが。 공교롭게도…
客	そうですか。わかりました。 그래요? 알겠습니다. ちょっと待ってください。あの, ふとんべやとかでも 何とか なんないですかね。そこを なんとか、お願いします。 저기 잠시만요. 이불 방이라도 없을까요? 안되는 줄은 알지만, 부탁드릴게요.

제8과　遊びに行く | 놀러가다

シチュエーション 3　　旅行について話す | 여행에 대해 이야기하다

여행 가기 전

- **A** 休暇(きゅうか)は どこかに 行かれるんですか？
  휴가 때 어디론가 가시나요?

- **B** 北海道(ほっかいどう)です。日本は 初(はじ)めてだから、楽しみなんです。
  홋카이도요. 일본은 처음이라서 기대가 되요.

- **A** いいですね。何泊(なんはく)されるんですか？
  좋으시겠어요. 몇 박 묵으세요?

- **B** 4泊5日(よんはくいつか)です。
  4박 5일이요.

- **A** そうですか。楽しんで きてくださいね。
  그러세요. 재미있게 보내세요.

- **B** はい、ありがとうございます。るす中(ちゅう)、よろしくお願いします。
  네, 감사합니다. 없는 동안에 잘 부탁드려요.

여행을 간 후 1

- **A** 夏休み(なつやすみ)は、どこかに 行って こられたんですか？
  여름방학에 어디 다녀오셨어요?

- **B** ええ、ハワイに 行って きたんです。はじめての 海外旅行(かいがいりょこう)だったんですよ。
  네, 하와이에 갔다 왔어요. 첫 해외여행이었어요.

- **A** ハワイですか。いいですね。どうでしたか。
  하와이에요? 좋으셨겠어요. 어떠셨나요?

- **B** ハワイ、良かったですよ。思ったより 暑(あつ)くなかったし、食べ物も 安くて おいしかったですよ。
  하와이는 좋았어요. 생각했던 것보다 덥지 않고 음식도 저렴하고 맛있었어요..

- **A** そうですか。私は まだ ハワイには 行ったことが ないので、一度 行ってみたいですね。
  그러세요. 저는 아직 하와이엔 가보지 않았어요. 한번 가보고 싶네요.

시츄에이션 일본어 회화

(친한 사이)

A 夏休み、どこか 行ってきたの？
여름방학, 어딘가 갔다 왔어?

B うん。京都(きょうと)に 行ってきた。
응, 교토에 갔다 왔어.

A 京都？ 暑かったでしょう。
교토? 더웠겠다.

B うん。あんなに 暑いとは 思わなかった。でも町(まち)は きれいだし、親切(しんせつ)な 人も 多くて 楽しかったよ。
응. 그렇게 더울 줄은 몰랐어. 그래도 거리는 깨끗했고 친절한 사람들도 많아서 즐거웠어.

A そう。良かったね。京都は 一番 日本らしい 町だよね。
그래? 좋았겠다. 교토는 가장 일본다운 곳이지.

 회화 11 여행을 간 후 2

A 中国(ちゅうごく)は いかがでしたか？
중국은 어떠셨나요?

B 話に 聞いていたほど 旅行客(りょこうきゃく)が 多くなくて、家族と ゆっくりして きました。
얘기로 듣던 것처럼 여행객이 많지 않아서 가족과 푹 쉬다 왔어요.

A そうですか。ゆっくり できて、良かったですね。
그러세요. 편히 쉬실 수 있었다니 좋으셨겠어요.

회화 12 여행을 간 후 3

A 連休(れんきゅう)に キャンプに 行ってきたんだけど、ずっと 天気(てんき)が 悪くて、たいへんだったよ。
연휴에 캠프를 다녀왔는데 날씨가 계속 안 좋아서 고생했어.

B それは、おつかれさま。
그래? 힘들었겠다.

제8과 **遊びに行く** | 놀러가다

シチュエーション 4   **おみやげをあげる** | 선물을 주다

おみやげをあげる | 선물을 주다

A   京都旅行(きょうとりょこう)はどうだった？
       교토여행 어땠어?

B   すごく良かった。はい、これおみやげ。
       정말 좋았어. 이거 선물이야.

A   わあ、ありがとう。おつけものだ。おいしそう。
       와~ 고마워. 채소 절임이네. 맛있겠다.

B   ここのおつけものはおいしいって有名なんだって。
       여기 채소 절임 맛있다고 유명하다더라.

A   そうなんだ。さっそく今日の夜、食べてみよう。
       그렇구나. 오늘 밤에 당장 먹어봐야겠다.

プレゼントする

A   お誕生日(たんじょうび)おめでとう。
       생일 축하해.

B   ありがとう。
       고마워.

 시츄에이션 일본어 회화

A　はい。これ、私と田中さんからプレゼント。
　　응. 이거 나랑 다나카 씨가 주는 선물.

B　わあ、なに？
　　우와, 뭐야?

A　あけてごらん。
　　열어봐.

B　あ、スカーフだ。かわいい。
　　어머, 스카프네. 예쁘다.

A　でしょ。さくら、好きそうだと思って。
　　그렇지? 벚꽃 무늬 좋아할 거 같아서.

B　うん。気(き)に入(い)った。
　　응. 맘에 들어.

 회화 15　さしいれを する

A　おつかれさま。はい、これ さしいれ。
　　수고하셨습니다. 이거 사왔어.(먹고 해)

B　おお、ありがとう。
　　와, 고마워.

A　そろそろ おなか すくころだと 思って。
　　지금쯤이면 배가 고플 거 같아서.

B　ありがとう。いただきます。
　　고마워. 잘 먹겠습니다.

다음은 인도네시아에 여행 다녀와서 선물을 나눠 주고 있는 장면입니다.

 おみやげを あげる | 선물을 주다

「귀가일기 2」 6회 00:10～00:23

女1　へえ～、インドネシアに 行ってたの？
　　　우와, 인도네시아에 갔다 왔어?

208

제8과 遊びに行く | 놀러가다

女2	はい。テレビの旅番組(たびばんぐみ)で。 네. TV 여행 프로그램으로.
女1	ふ～ん。 음.
女2	さ、これ おみやげです。 여기, 선물이에요.
女1	あ～、ありがとう。 아~ 고마워.
女2	はい、これまどかちゃんに。 자, 이건 마도카꺼.
まどかちゃん	ありがとう。 고마워.

다음은 미네코 생일파티에서 코타로가 생일선물을 주는 장면입니다.

 たんじょうび プレゼントを あげる | 생일 선물을 주다

「오!마이걸」 6회 08:02～08:35

みんな	おめでとう！ 축하해
みねこ	ありがとうございます。 감사합니다.
あん	なに？これ、みねこさんに？ 뭐야? 이거 미네코씨에게 주는 거야?
こうたろう	そう。プレゼントだ。 응, 선물이야.
みねこ	ありがとう。 고마워
あん	なに？なに？ 뭐야? 뭐야?

시츄에이션 일본어 회화

みねこ　あけるよ。
　　　　열어볼게

あん　　え、くつ下？
　　　　어? 양말이야?

みねこ　いいんです。うれしいです。ありがとうございます。
　　　　괜찮아요. 너무 기뻐요. 감사합니다.

다음은 일하고 있는 남편에게 아내가 음식을 가져다 주는 장면입니다.

　さしいれをする | 선물(さしいれ) 하다

「귀가일기2」 2회 27:23~

妻　おつかれさま。はい、これ。さしいれ。
　　수고 많아. 자, 이거. 먹고 해.

夫　おー、サンキュー。
　　아, 고마워.

제8과　遊びに行く ｜ 놀러가다

ポイント・チェック

シチュエーション 1　　デートする ｜ 데이트하다

1 もし興味(きょうみ)があったら、いっしょに行きませんか？
만약 관심이 있으면 같이 가지 않으실래요?

표현1 조심스럽게 권유할 때의 표현
＜친한 사이에서 사용하는 표현＞
- 一緒(いっしょ)にどう？　　　　　같이 어때?
- 一緒に行かない？　　　　　　　같이 안 갈래?
- 一緒に行ってみない？　　　　　같이 가보지 않을래?
- 一緒に行きたいなって思って。　　같이 가고 싶다고 생각해서.
- 一緒に行けたらなって思って。　　같이 갔으면 좋겠다고 생각해서.
- 一緒に行かないかなって思って。　같이 가지 않으려나 싶어서.

＜정중한 표현＞
- 一緒にどうですか。　　　　　　함께 어떠세요?
- 一緒に行きませんか。　　　　　같이 가지 않으실래요?
- 一緒に行ってみませんか。　　　같이 가보지 않으실래요?
- ご一緒しませんか。　　　　　　함께하지 않으실래요?

표현2 권유의 서두에 쓰이는 표현
＜친한 사이에서 사용하는 표현＞
- よかったら　　　　　　　　　　괜찮다면
- もし興味があったら　　　　　　만약 관심이 있으면
- もし時間があったら　　　　　　만약 시간이 있으면

시츄에이션 일본어 회화

<정중한 표현>
- よろしかったら　　　　　　　　　괜찮으시다면
- もしもご興味がおありでしたら　　만약 관심이 있으시면
- もしもお時間がございましたら　　만약 시간이 있으시면

2
- 行ってみたいとは、思うんですけど。　가고 싶기는 한데요.
- また誘ってください　　　　　　　　다음에 같이 가요.

표현3 권유를 거절할 때의 표현
- その日は、ちょっと。　　　　　　　　　그날은 좀.
- その日は、ちょっと無理ですね。　　　　그날은 좀 힘들 것 같네요.
- その日は、ちょっと時間がないので。　　그날은 시간이 없어서요.
- その日は、ちょっと用事(ようじ)があるので。　그날은 다른 일이 있어서.

3
A：一緒(いっしょ)に行こうよ。　　같이 가자.
B：あ、楽しそうですね。　　　　즐겁겠네요.

표현4 적극적으로 권유할 때의 표현

<친한 사이에서 사용하는 표현>
- 一緒に行こうか。　　　같이 가자.
- 一緒に行こっか。　　　같이 가자.
- 一緒に行くよね？　　　같이 갈거지?
- 一緒に行くだろ？　　　같이 갈거지?(주로 남성이 사용하는 말)
- 一緒に行くでしょ？　　같이 갈거지?(주로 여성이 사용하는 말)

<정중한 표현>
- 一緒に行きますよね。　　같이 가실거죠?
- 一緒に行きましょうよ。　같이 가요.

제8과　遊びに行く ｜ 놀러가다

표현5 권유에 대한 긍정적인 응답표현
- それ、いいですね。　　　그거 좋겠네요.
- 楽しそうですね。　　　즐겁겠네요.
- おもしろそうですね。　　재밌겠네요.

4 夜景(やけい)が楽しみ。
今日はすごく楽しかった。

표현6 「楽しい」(즐겁다)
- 「楽しみ。」　　　　　기대 된다.
- 「楽しそう。」　　　　재미있을 것 같아. 즐거울 것 같아. (미래형)
- 「楽しかった。」　　　재미있었어. 즐거웠어.(과거형)

シチュエーション 2　　旅行する ｜ 여행하다

5
仲仲居(なかい)　京都ははじめてですか。
　　　　　　　교토는 처음 오셨나요?
客(きゃく)　　いえ、何回か来ました。でも春に来たのは今回がはじめてです。
　　　　　　　아니요. 몇 번 왔었어요. 그래도 봄에 온 것은 이번이 처음이에요.
仲居(なかい)　そうですか。「哲学(てつがく)の道(みち)」には行かれましたか。あそこは今なら桜(さくら)がきれいですよ。
　　　　　　　그러시군요. '철학의 길'에 가 보셨나요? 거기 지금 가면 벚꽃이 예뻐요.
客(きゃく)　　あ、花見スポットだとガイドブックに書いてありました。行ってみたいと思ってたんですよ。
　　　　　　　아, 꽃구경하기 좋은 곳이라고 가이드북에 쓰여 있었어요. 가보고 싶다고 생각했어요. 내일 가보려고요. 오늘은 지금부터 이 근처 산책 좀 하고 올게요.

시츄에이션 일본어 회화

표현7 「はじめて」(처음)
- 京都ははじめてです。
- 京都ははじめて来ました。
- はじめての京都旅行です。

표현8 경험에 대해 이야기 할 때의 표현
「京都ははじめてですか」의 응답표현

(YES)　・はい、はじめてです。
(NO)　・いえ、二度目/二回目です。
　　　・いえ、去年の冬に来ました。
　　　・いえ、二年前に一度来ました。
　　　・いえ、何回か来ました。
　　　・いえ、よく来ます。

「京都に行ったことがありますか。(교토에 가본 적이 있습니까?)의 응답표현:

(YES)　・京都は何回も行きました。　　교토에는 몇 번 가봤습니다.
　　　・去年、京都に初めて行きました。
　　　　　　　　작년에 교토를 처음으로 가봤습니다.
(NO)　・まだ京都には行ったことがありません。
　　　　　　　아직 교토에는 가본 적이 없습니다.
　　　・まだです。行ってみたいとは思うんですけど。

6 客(きゃく)　　あの、今週末(こんしゅうまつ)なんですが、お部屋、あいてますか。　이번 주말에 빈방 있나요?

旅館(りょかん)　もうしわけございません。今週末は、満室(まんしつ)となっております。
죄송합니다. 이번 주말에는 만실입니다.

표현9 여관에 빈방이 없다고 거절할 때의 표현
- あいにく、連休中(れんきゅうちゅう)は満席(まんせき)となっておりまして。

제8과 遊びに行く | 놀러가다

　　　　　　　　　　　　공교롭게도 연휴 중에는 만원입니다.
・もうしわけありません。満室(まんしつ)でして。
　　　　　　　　　　　　죄송합니다. 만실이라서요.
・全室(ぜんしつ)ふさがっておりまして。　방이 다 차있습니다.

シチュエーション 3　　旅行について話す | 여행에 대해 이야기하다

7 休暇(きゅうか)はどこかに行かれるんですか？
　　　　　　　　　　　　휴가 때 어디론가 가시나요?

해설　상대방의 휴가에 대해 물을 경우 상대방이 아무 곳에도 가지 않을 수도 있기 때문에 「どこに行かれるんですか。」'어디로가십니까?'가 아닌 「どこかに行かれるんですか。」'어디론가 가십니까?' 라고 묻는 편이 실례가 되지 않습니다.

＜친한 사이에서 사용하는 표현＞
A：休暇(きゅうか)はどっか行くの？　휴가 때 어딘가 가?
　　　　　　　　　　　　(どっか = 'どこか'의 구어체)
B：おきなわ。初めての日本旅行だから、楽しみ。
　　　　　　　　　　　　오키나와. 일본여행은 처음이라서 기대가 돼요.
A：いいね。何泊(なんはく)するの？　좋겠다. 몇박하는데?
B：4泊5日。　　　　　　　4박5일.
A：そっか。楽しんできてね。그래? 재밌게 놀다 와.
B：うん、ありがとう。るす中(ちゅう)、よろしくね。
　　　　　　　　　　　　응, 고마워. 없는 동안 잘 부탁해.

표현10　여행에 대한 대화를 시작할 때의 표현
　　＜어디로 여행을 갔다 왔는지 모를 때＞
・夏休みは、どこかに行ってこられたんですか？
　　　　　　　　　　　　여름방학에 어딘가 다녀오셨나요?-정중체

시츄에이션 일본어 회화

・夏休み、どこか行ってきたの？

　　　　　　　　여름방학, 어딘가 갔다왔어?-보통체

〈어디로 여행을 갔다 왔는지 알고 있을 때〉
・中国はいかがでしたか？　중국은 어떠셨나요?-정중체
・中国はどうだった？　　　중국은 어땠어?-보통체

〈자기가 여행 다녀온 이야기를 시작할 때〉
・連休にキャンプに行ってきたんですけど、

　　　　　　　　연휴 때 캠프를 다녀왔는데요,-정중체

・連休にキャンプに行ってきたんだけど、

　　　　　　　　연휴 때 캠프를 갔다 왔는데,-보통체

8
・ハワイに行ってきたんです。　　　하와이에 다녀왔어요.
・京都に行ってきた。　　　　　　　교토에 갔다 왔어

해설 「ハワイ/京都に行きました。(하와이/교토에 갔습니다.)」보다 「ハワイ/京都に行ってきました。(하와이/교토에 갔다왔습니다.)」라고 말하는 것이 자연스러움.

9
・日本は初めてだから、楽しみなんです。
　일본은 처음 이라서 기대가 돼요.
・初めての海外旅行だったんですよ。　첫 해외여행이었어요.

해설 첫~＝初(はじ)めての~、　처음＝初(はじ)めて

10
・思ったより暑くなかったし、食べ物も安くておいしかったですよ。
　생각했던 것보다 덥지 않았고 음식도 저렴하고 맛있었어요.
・あんなに暑いとは思わなかった。　그렇게 더울 줄은 몰랐어.
・話に聞いていたほど旅行客が多くなくて、家族とゆっくりしてきました。
　얘기로 듣던 것만큼 여행객이 많지 않아서 가족과 푹 쉬다 왔어요.

第8課 遊びに行く | 놀러가다

표현 11 의외였을 때의 표현

- 思ったより/想像(そうぞう)していたより、＿＿＿＿＿。
  　　　　　　　　생각했던 것 보다/상상했던 것 보다~
- {思っていた/予想(よそう)していた/聞いていた}のと違って、＿＿＿＿。
  　　　　　　　　{생각했던/예상했던/듣던}것과 달리~
- 話に聞いていたほど, ＿＿(부정형)＿＿。
  　　　　　　　　듣던 것만큼, ~
- 意外(いがい)に＿＿＿＿＿。 의외로~
- あんなに＿＿(기본형)＿＿ とは思いませんでした。
  　　　　　　　　그렇게~인 줄은 몰랐어요.

예) 思ったより/想像していたより、いい所でした。
　　생각했던 것 보다/상상했던 것 보다 좋은 곳이었습니다.

예) {思っていた/予想していた/聞いていた} のと違って、いい所でした。
　　{생각했던/예상했던/듣던} 것과 달리 좋은 곳이었습니다.

예) 話に聞いていたほど、悪くはなかったです。
　　듣던 것만큼 나쁘지 않았습니다.

예) 意外にいい所だったんですよ。
　　의외로 좋은 곳이었어요.

예) ・あんなにいい所だとは思いませんでした。
　　　그렇게 좋은 곳 인줄은 몰랐어요.(명사)
　　・あんなにきれいだとは思いませんした。
　　　그렇게 깨끗할 줄은 몰랐어요.(な형용동사)
　　・あんなに安いとは思いませんでした。
　　　그렇게 싸리라고는 생각도 못했어요.(い형용사)
　　・あんなに歩くとは思いませんでした。
　　　그렇게 걸으리라고는 생각도 못했어요.(동사)

표현 12 예상대로였을 때의 표현

- やっぱり、＿＿＿＿＿。 　　　역시,~

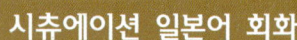

- 思ったとおり、＿＿＿＿＿＿。　　생각했던 대로~
- 予想(よそう)していた通り、＿＿＿＿＿＿。　　예상했던 대로~
- {本/ガイドブック}に書いてあった通り、＿＿＿＿＿＿。

　　　　　　　　　　　　　　{책/가이드 북}에 쓰여져 있던 대로~

예) ・やっぱり、いい所でしたよ。역시 좋은 곳이었어요.
　・思ったとおり、きれいな町でしたよ。
　　생각했던 대로 깨끗한 곳이었어요.
　・予想していた通り、町がきれいで静かでした。
　　예상했던 대로 거리가 깨끗하고 조용했어요.
　・ガイドブックに書いてあった通り、食べ物が安くておいしかったです。
　　가이드 북에 쓰여져 있던 대로 음식이 싸고 맛있었어요.

11
- 思ったより暑くなかったし、食べ物も安くておいしかったですよ。
　생각했던 것보다 덥지 않았고 음식도 저렴하고 맛있었어요.
- 町はきれいだし、親切な人も多くて楽しかったよ。
　거리는 깨끗했고 친절한 사람들도 많아서 즐거웠어.

표현 13 2개 이상의 감상을 연결할 때의 표현

- ＿＿＿＿し、＿＿＿＿て、＿＿＿＿。　　~고, ~고, ~

예) 天気も良かったし、町も静かで、久しぶりにのんびりできたよ。
　날씨도 좋았고 거리도 조용해서 오랜만에 푹 쉴 수 있었어.

예) 町はきたないし、物価(ぶっか)も高くて、いまいちでした。
　거리는 더럽고 물가도 비쌌고 그냥 그랬어.

제8과 遊びに行く | 놀러가다

シチュエーション 4 **おみやげをあげる** | 선물을 주다

12 선물의 종류 (おみやげ/プレゼント/ 差し入れ)

해설
- はい、これおみやげ。
  여행을 간 곳에서 사온 선물을 おみやげ라고 합니다.
- はい。これ、私と田中さんからプレゼント。
  자, 여기. 나랑 다나카 씨가 주는 선물.
  : 생일 등을 축하하기 위한 선물을 プレゼント라고 합니다.
- おつかれさま。はい、これ。差し入れ。 수고 많아. 자, 이거. 먹고해.
  : 일하는 사람에게 위문으로 보내는 음식을 差し入れ라고 합니다.

 これ、知ってる?

전차의 종류는 정차역의 개수에 따라 일반적으로 다음과 같이 나눠집니다.

普通(ふつう 보통)→快速(かいそく 쾌속)→急行(きゅうこう 급행)
　　　→特急(とっきゅう 특급)

普通 : 모든 역에 정차
快速 : 도중에 역의 일부를 통과, 주요역에서만 정차.
　　　☞ 通勤快速(つうきんかいそく 통근쾌속) : 통근시간대에만 운행하는 쾌속열차.
急行、特急 : 도중에 역의 일부 혹은 전부를 통과, 주요역에서만 정차. 급행 요금이 적용됨.
예) 新宿(しんじゅく)で急行(きゅうこう)に乗(の)りかえる。
　　신주쿠에서 급행으로 갈아타다.

시츄에이션 일본어 회화

こんなとき、どう言う？

〈전화로 호텔을 예약할 때〉

1. 전화로 이번 주에 호텔에 빈방이 있는지를 묻고 싶을 때.

今週末なんですが、あいている部屋ありますか。
이번 주 말인데요, 비어있는 방이 있나요?

2. 역에 마중 나오는 버스가 있는지를 묻고 싶을 때.

駅からホテルまで送迎(そうげい)バスが出ていますか。
역에서 호텔까지 셔틀 버스가 있나요?

3. 환불 수수료가 언제부터 적용되는지를 묻고 싶을 때.

キャンセル料はいつからかかりますか。
환불 수수료는 언제부터 적용되나요.

キャンセルはいつまでならできますか。
취소는 언제까지 가능한가요?

회 화 연 습

휴가 때 어디를 다녀왔는지 상대방에게 물어보고 싶습니다.
중한 표현으로 어떻게 말하면 좋을지?

休暇(きゅうか)は、どこかに行ってこられたんですか？
휴가 때 어딘가 다녀오셨나요?

第8課 遊びに行く | 놀러가다

연습문제

 아래 회화 다음에 오는 말 중 부적절한 것을 3개 중에 하나 고르시오.

❶ もし興味(きょうみ)があったら、いっしょに行ってみない？

① 行ってみたいとは思うんですけど。その日は、ちょっと。またさそってください。
② いいですね。どうでしたか？
③ あ、うれしい。行きたいです。

❷ 田中さん、北海道(ほっかいどう)に行ったことあります？

① いいえ、行ってみたいとは思うんですけど。
② はい。去年(きょねん)、初めて行きました。
③ はい。初めての日本旅行だから、楽しみです。

❸ 夏休(なつやす)みに中国(ちゅうごく)に行ってきたんですよ。これ、おみやげです。

① ありがとうございます。楽しかったですか。
② ありがとうございます。中国はいかがでしたか。
③ ありがとうございます。楽しみですね。

시츄에이션 일본어 회화

회화에 나오는 단어

あ行

インドネシア …………………인도네시아
おみやげ ………………………선물

か行

海外旅行(かいがいりょこう) ….해외여행
会場(かいじょう) ……………회장
キャンプ ………………………캠프
休暇(きゅうか) ………………휴가
グループデート ………………그룹 데이트
京都(きょうと) ………………교토

さ行

差(さ)し入(い)れ ………일하는 사람에게
　　　　　　　　　위문으로 보내는 음식
写真(しゃしん)をとる 사진을 찍다
全室(ぜんしつ)ふさがっている 만실이다

た行

東京(とうきょう)タワー ………도쿄 타워
中国(ちゅうごく) ……………중국
デート …………………………데이트

な行

夏休(なつやす)み ……………여름방학
何泊(なんはく) ………………몇 박

人気(にんき) …………………인기
のんびり ………………유유히, 한가로이

は行

パナマ …………………………파나마
ハワイ …………………………하와이
ふとん部屋(べや) ……………이불방
北海道(ほっかいどう) ………홋카이도

ま行

満喫(まんきつ) ………………만끽
満室(まんしつ) ………………만실
満席(まんせき) ………………만석

や行

宿(やど) ………………………숙소
ゆっくりする 천천히 하다, 천천히 쉬다
4泊5日(よんはくいつか) ………4박5일

ら行

旅館(りょかん) ………………여관
旅行客(りょこうきゃく) ……여행객
留守中(るすちゅう) …………부재중
連休中(れんきゅうちゅう) …연휴 중

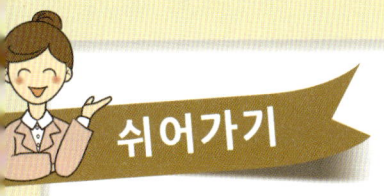

ほうげん

"앗, 실수!" "앗, 맞다"를 표준어는 「しまった。」라고 하지만 関西(かんさい)에서는 「しもた。」라고 합니다. 또한 関西(かんさい)에서는 「～ている。(～하고 있다.)」를 「～とる。」, 「～ていた。(～하고 있었다.)」를 「～とった。」라고 합니다.

예) 見ている。(보고 있다.)　　　見とる。
　　食べていた。(먹고 있었다.)　食べとった。

ゆうくん　今から映画でも見に行かへん？
지금 영화라도 보러 가지 않을래? (표준어 : 見に行かない？)

ともちゃん　いいけど、明日の試験(しけん)、だいじょうぶ？
좋지만 내일 시험인데 괜찮아?

ゆうくん　あっ、しもた。忘(わす)れとった。
앗, 맞다! 잊고 있었어. (표준어 : あっ、しまった。忘れてた。)

ことわざ

일본의 속담(ことわざ)과 관용구(慣用句, かんようく)가 회화에서 어떻게 쓰일까요? 8과에서는 「水も したたる いい女 '아름다운 미녀'」와 「へそで 茶(ちゃ)を 沸(わ)かす '배꼽이 빠지다'」입니다.

女　今日から私も素敵女子(すてきじょし)の なかまいり。さようなら、干物(ひもの)だった 私。
오늘부턴 나도 멋진 여자가 되는 거야. 건어물녀는 이제 안녕.

쉬어가기

男 あまみや。
아마미야.

女 はい。
네

男 ずっと 思っていた。私は 君の、、。
쭉 생각해왔어. 난 너의…

女 はい。
네.

男 君の、、ここが 許(ゆる)せん。ここも 許せん、ここも 許せん。この テーブルの まん中の ラインも、はかってみたら 私のほうが 18ミリ も せまかったことも、絶対 許せん。
너의…이런 점을 용서할 수 없어. 이것도, 이것도! 이 테이블 한 가운데 선도, 재보니까 내 쪽이 18밀리 좁았던 점도 절대 용서 못해.

女 すみません。
죄송해요.

男 何が 脱(だつ)干物女だよ。何が "さよなら、干物だった 私"だよ。好きな 男に 好きって 言っただけで 干物女から ぬけだせると 思ってんのか。
건어물녀는 무슨. 뭐가 "건어물녀는 이제 안녕"이야. 좋아하는 남자한테 좋아한다고 얘기만 하면 건어물녀를 탈출할 수 있다고 생각 하는 거야?

女 は？ぬけだせますよ。これからの 私の生活は、うるおいに 満(も)ちた「水も したたる いい女」になるんですから。
뭐라고요? 탈출할 수 있어요. 지금부터 제 생활은 여유 넘치는 '아름다운 여자'가 될 테니까요.

男 は、はーん。「へそで 茶(ちゃ)を 沸(わ)かす」わ。
뭐? '배꼽빠지겠다'.

女 は？沸かせよ。
흥. 그러시던지.

「호타루의 빛」 5화 43:28～44:38

제9과

電話(でんわ) | 전화

학습내용

シチュエーション 1 電話をかける | 전화를 걸다
シチュエーション 2 電話に出ない | 전화를 받지 않다
シチュエーション 3 用件(ようけん)をのべる | 용건을 말하다

학습목표

- 상대방과 상황, 전하고 싶은 용건에 따라 전화할 때에 사용되는 표현을 적절하게 사용할 수 있는 능력을 기른다.

# 시츄에이션 일본어 회화

シチュエーション 1　電話をかける | 전화를 걸다

회화 1

〈정중한 표현〉

(벨소리)

A　はい、もしもし。
　　네, 여보세요.

B　あ、もしもし。今、お時間、大丈夫ですか。
　　여보세요. 지금 시간 괜찮으세요?

A　はい、だいじょうぶですよ。
　　네, 괜찮습니다.

〈친한 사이에서 사용하는 표현〉

(벨소리)

A　もしもし。
　　여보세요.

B　あ、今、電話できる？
　　지금 전화 괜찮아?

A　うん。どうしたの？
　　응. 무슨 일이야?

제9과　電話 | 전화

회화 2

（벨소리）

A　携帯(けいたい)、鳴(な)ってるよ。早く出ないと切(き)れちゃうよ。
　　전화 온다. 빨리 안 받으면 끊길 텐데.

B　あ、本当だ。田中さんからだ。
　　정말이네. 다나카 씨다.

다음은 전화를 걸어서 상대방이 통화 가능한지 물어보는 장면입니다.

電話をかける | 전화를 걸다

「행복해지자」 4회 21:37～

男1　はい、たかくらです。
　　　네, 다카쿠라입니다.

男2　どうも、いま少しだいじょうぶですか。
　　　안녕하세요. 지금 전화 괜찮으세요?

다음은 휴대폰이 울리는데도 전화를 안 받는 손님과 점원과의 대화입니다.

携帯(けいたい)が鳴(な)る | 휴대전화가 울리다

「귀가일기 2」 2회 27:54～

店員　お客さん、けいたい、鳴(な)ってますよ。
　　　손님, 휴대전화가 울리는데요.

客　　分かってます。会社からの呼び出しなんです。
　　　알아요. 회사에서 오는 거에요.

店員　いいんですか？出なくて。
　　　괜찮으세요? 안 받아도?

客　　ええ、地下鉄(ちかてつ)に乗ったとか言うからいいんですよ。
　　　네. 지하철이었다는 식으로 말하면 되요.

시츄에이션 일본어 회화

シチュエーション 2　電話に出ない | 전화를 받지 않다

 회화 3

A　田中さん、来ないなあ。
　　다나카 씨 안 오네.

B　電話してみたら？
　　전화해봐.

A　うん。
　　응.

안내멘트　「おかけになった電話は、電波(でんぱ)の届(とど)かない場所(ばしょ)にあるか、電源(でんげん)が入っていないためかかりません」
　　'지금 거신 전화는 통화권 이탈 지역에 있거나 전원이 꺼져 있어 연결이 되지 않습니다.'

A　電話、つながらない。
　　전화 안 받아.

B　何かあったのかなあ。心配だね。
　　무슨 일 있나? 걱정된다.

A　うん。
　　그러니까.

228

제9과　**電話** | 전화

A 昨日は、電話に出られなくてすみませんでした。
어제는 전화 못 받아서 죄송합니다.

B いえ。何かあったんですか？何回か電話したんですけど、つながらなくて。
아니요. 무슨 일 있으셨어요? 몇 번 전화했는데 연결이 안 되던데.

A 地下にいたので、電波のちょうしが悪かったみたいなんです。
지하에 있어서 전화가 잘 터지지 않은 것 같아요.

B そうだったんですか。
그러셨군요.

A すみません。さっきは電話に出られなくて。
죄송합니다. 아까 전화를 못 받아서.

B いえ、お忙しいようですね。
아니요, 바쁘신가보네요.

A ええ、ちょっと今、仕事で手がはなせなくて。
네, 지금 좀 급한 일이 있어서.

B そうですか。じゃあ、また時間ができたら電話ください。
그러세요? 그럼 시간이 있으실 때 전화해 주세요.

A はい、すみません。またれんらくします。
네, 죄송합니다. 또 연락 드릴게요.

시츄에이션 일본어 회화

다음은 남자가 전화를 못 받은 것을 사과하는 장면입니다.

 電話に出ない | 전화를 받지 않다

「행복해지자」 8화 11:35~

男 昨日は電話出られなくてすみませんでした。
어제 전화 못 받아서 죄송했어요.

女 寝てたならしょうがないです。
주무시고 계셨다니까 할 수 없죠.

다음은 전화를 안 받은 것에 대한 대화입니다.

 電話に出ない 2 | 전화를 받지 않다 2

「행복해지자」 8회 32:00~

男 すみません、いきなり来ちゃって。話したいことあって。
죄송합니다, 갑자기 찾아와서. 하고 싶은 말이 있어서.

昨日の夜、何回か電話したんですけど、つながらなくて。今日の朝も。
어젯밤에 몇 번이나 전화를 했는데 연결이 안 돼서. 오늘 아침도요.

柳沢さん、怒(おこ)ってんじゃないかなって思ってたんです。
야나기자와씨, 화가 난건 아닌가 싶어서요.

女 ケータイの電源(でんげん)、切ってたんです。今日もずっと。
휴대전화 전원을 꺼뒀었어요. 오늘도 계속.

男 やっぱり おこってたんだ。
역시 화 나셨구나.

女 ちがいます。いやな電話が来たから。
아니에요. 받기 싫은 전화가 와서.

男 え？
네?

제9과 **電話** | 전화

다음은 집으로 초대한 사람이 약속 시간이 되어도 오지 않아 전화를 거는 장면입니다.

 電話に出ない 3 | 전화를 받지 않다 3

「행복해지자」 9회 00:38～

息子(むすこ) 出ないなあ。
안 받네.

母 つごう 悪くなったのかしら。
사정이 좋질 않나.

息子 それなら それで れんらく くれると思うけど。
그렇다면 연락 해줬을 거라고 생각해.

(전화벨)

息子 はい、もしもし。
네, 여보세요.

やなぎさわ もしもし。すみません、連絡(れんらく)できなくて。
여보세요. 죄송해요, 연락 못해서.

息子 やなぎさわさん、何かあったんですか。
야나기자와씨, 무슨 일 있었어요?

やなぎさわ 今、病院にいるんです。
지금 병원에 있어요.

息子 病院？大丈夫ですか？どこかケガでもしましたか。
병원? 괜찮아요? 어디 다쳤어요?

やなぎさわ 私は大丈夫なんですけど。
저는 괜찮은데요.

息子 え？
네?

やなぎさわ 知り合いが ケガをしちゃって。
아는 사람이 다쳐서.

231

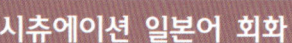

息子	知り合い？
	아는 사람?
やなぎさわ	はい。
	네

(생략)

やなぎさわ	それより、今日の約束、ごめんさい。
	그것보다 오늘 약속, 죄송해요.
息子	そんなん、仕方(しかた)ないですよ。全然(ぜんぜん)、気にしないでください。
	아뇨, 어쩔 수 없죠. 너무 신경 쓰지 마세요.
やなぎさわ	すみません。せっかく 呼んでもらったのに。
	죄송해요. 기껏 초대해 주셨는데.
息子	じゃあ、いつでも 何かあったら 言って下さい。すぐに かけつけますから。
	그럼 언제든지 무슨 일이 있으면 말해주세요. 금방 달려갈 테니까요.
やなぎさわ	ありがとうございます。また 連絡(れんらく)します。
	고맙습니다. 또 연락할게요.

제9과 　電話 ｜ 전화

シチュエーション 3　　用件を述べる ｜ 용건을 말하다

회화 6

A　もしもし、田中ですが。
　　여보세요. 다나카입니다.

B　あ、田中さん。
　　아, 다나카씨.

A　あのう、先生、今お時間よろしいでしょうか。
　　저기, 선생님. 지금 시간 괜찮으세요?

B　ええ。
　　네.

A　じつは、ご相談(そうだん)したいことがあって、お電話したんですが。
　　실은 상담을 하고 싶어서 전화를 드렸는데요.

B　どうしたんですか？
　　무슨 일이시죠?

233

시츄에이션 일본어 회화

회화 7

〈정중한 표현〉

A　もしもし、木村ですが。
여보세요. 기무라입니다.

B　あ、木村さん。
아, 기무라씨.

A　あのう、来週の集(あつ)まりのことなんですが。
저기, 다음 주 모임 말인데요.

B　ええ。
네.

A　火曜日はどうかと思いまして。
화요일은 어떨까 싶어서요.

B　あ、いいですよ。
네, 괜찮아요.

A　そうですか。じゃあ、火曜日ということで。
그러세요. 그럼 화요일에 봬요.

B　分かりました。
알겠습니다.

A　では、また火曜日に。しつれいします。
그럼 화요일에 뵙죠. 실례합니다.

B　じゃあ、また。
네, 그때 봬요.

〈친한 사이에서 사용하는 표현〉

A　もしもし、木村だけど。
여보세요. 기무란데.

B　おお。
응.

A　あのさー、来週の集まりのことなんだけど。
저기, 다음 주 모임 말인데.

234

B　うん、どうした？
　　응, 왜 그래?

A　火曜日はどうかなと思って。
　　화요일은 어떨까 해서.

B　あ、いいよ。
　　응, 괜찮아.

A　そう、じゃあ、火曜日ってことで。
　　그래? 그럼 화요일에 보자.

B　分かった。
　　알았어.

A　じゃ、またね。
　　그럼 그때 봐.

B　うん、じゃ。
　　응, 안녕.

시츄에이션 일본어 회화

ポイント・チェック

シチュエーション 1　　**電話をかける** | 전화를 걸다

1
- あ、もしもし。今、お時間 大丈夫ですか。
  여보세요. 지금 통화 괜찮으세요?
- あ、今電話できる？
  지금 전화할 수 있어?

표현1 상대방이 전화를 받았을 때, 지금 얘기할 시간이 있는지, 전화할 수 있는 상황인지를 물을 때

＜정중한 표현＞
- 今、よろしいでしょうか/だいじょうぶですか。
  지금 괜찮으세요?
- 今、お時間 ｛よろしいでしょうか/だいじょうぶですか｝。
  지금 시간 괜찮으신지요/괜찮으세요?
- 今、お電話 ｛よろしいでしょうか/だいじょうぶですか｝。
  지금 전화하실 수 있으세요?

＜친한 사이에서 사용하는 표현＞
- 今、いい？　　　　　　　　　　지금 괜찮아?
- 今、話せる？/電話できる？　　　지금 전화할 수 있어?
- 今、時間ある？　　　　　　　　지금 시간 있어?

2 携帯(けいたい)、鳴(な)ってるよ。早く出ないと切れちゃうよ。
전화 온다. 빨리 안 받으면 끊길 텐데.

표현2 전화 회화와 관계된 표현
- 電話(携帯)が鳴る ((휴대)전화가 울리다) : 전화가 걸려 와서 전화(휴

제9과 **電話** | 전화

대전화)의 착신음이 울림.
- 電話をかける(전화를 걸다) : 상대방에게 전화를 함.
- 電話を取る(전화를 받다) : 전화가 울려서 수화기를 듦.
- 電話に出る(전화를 받다) : 걸려온 전화를 받아 이야기를 시작함.
- 電話を切る(전화를 끊다) : 자기의 의지로 전화 대화를 끝냄.
- 電話が切れる(전화가 끊기다) : 자기의 의지와는 관계없이 전파가 나쁘거나 해서 통화 중 전화 회선이 끊김.

シチュエーション 2　　**電話に出ない** | 전화를 받지 않다

3　「おかけになった電話は、電波の届かない場所にあるか、電源が入っていないためかかりません」

'지금 거신 전화는 통화권 이탈 지역에 있거나 전원이 꺼져 있어 연결이 되지 않습니다.'

해설 상대방의 휴대전화 전원이 꺼져있거나 서비스 지역이 아닐 때의 안내 멘트

4
- 電話、つながらない。　　　　　전화 안 받아.
- 何回か電話したんですけど、つながなくて。

　　　　　　　　　　　몇 번 전화했는데 연결이 안 되던데.

해설 「電話がつながらない」: 전화를 걸어도 상대방이 전원을 꺼두었다면 연결되지 않습니다.

표현3 전화를 받지 못해 사과하는 표현
- 昨日は、電話に出られなくてすみませんでした。
- すみません。さっきは電話に出られなくて。

시츄에이션 일본어 회화

シチュエーション 3　用件を述べる ｜ 용건을 말하다

5 実(じつ)は、ご相談(そうだん)したいことがあって、お電話したんですが。
　　실은 상담을 하고 싶어서 전화를 드렸는데요.

표현4 용건이 있어서 전화했다고 말할 때

　　＜정중한 표현＞

　　• _____のことで　お電話したんですが。
　　　　　　　　　　　　　　～일로 전화 드렸는데요.
　　　　　　　　　　　お電話させていただいたんですが。
　　　　　　　　　　　　　　～일로 전화를 드리게 되었는데요.

　예) 木村さんのことでお電話したんですが。
　　　기무라씨 일로 전화 드렸는데요.
　　　明日の会議のことでお電話したんですが。
　　　내일 회의 일로 전화 드렸는데요.
　　　ご相談したいことがあって、お電話したんですが。
　　　상담을 하고 싶어서 전화를 드렸는데요.
　　　ご相談したいことがあって、お電話させていただいたんですが。
　　　상담을 하고 싶어서 전화를 드리게 되었는데요.

　　＜친한 사이에서 사용하는 표현＞

　　• _____のことで　電話したんだけど。　～일로 전화했는데.

　예) 木村さんのことで電話したんだけど。
　　　기무라씨 일로 전화했는데.
　　　明日の会議のことで電話したんだけど。
　　　내일 회의 일로 전화했는데.
　　　相談したいことがあって電話したんだけど。
　　　상담하고 싶어서 전화했는데.

제9과　電話 ｜ 전화

6
- 来週の集まりのことなんだけど。　　다음 주 모임말인데.
- 来週の集まりのことなんですが。　　다음주 모임말인데요.

표현5 이미 같은 화제를 두고 상대방과 이야기를 나눈 적이 있는 내용을 이야기하기 시작할 때의 표현

＜정중한 표현＞
- ＿＿＿＿＿＿のことなんですが　～말인데요
- ＿＿＿＿＿＿の件なんですが　～건 말인데요

＜친한 사이에서 사용하는 표현＞
- ＿＿＿＿＿＿のことなんだけど　～말인데
- ＿＿＿＿＿＿の件なんだけど　～건 말인데

7
A：じゃ、またね。　　　　　　　　그럼 그때 봐.
B：うん、じゃ。　　　　　　　　　응, 안녕.
A：では、また火曜日に。失礼します。　그럼 화요일에 뵙죠. 실례합니다.
B：じゃあ、また。　　　　　　　　네, 그때 봬요.

표현6 전화를 끊을 때의 표현

＜정중한 표현＞
- しつれいします。　　　　　실례합니다.

＜친한 사이에서 사용하는 표현＞
- じゃ。　　　　　　　　　　안녕
- じゃ、また。　　　　　　　안녕
- バイバイ。　　　　　　　　바이바이

  ＊ 전화를 끊을 때는 'さようなら。'라고 하지 않음.

시츄에이션 일본어 회화

 **これ、知ってる?**

일본어로 뭐라고 할까요.

1. 통화중
2. 자동응답전화
3. 장난전화

> 정답
> 1. 話し中(はなしちゅう)
> 2. 留守番電話(るすばんでんわ 줄여서 「るすでん」라고도 함.)
> 3. いたずら電話 (줄여서 「いたでん」라고도 함.)

 **こんなとき、どう言う?**

 1. 밤 늦게 전화를 걸게 되어 상대방에게 양해를 구할 때

夜分(やぶん)遅くに、すみません。
밤 늦게 죄송합니다.

こんな時間に、すみません。
이런 시간에 죄송합니다.

 2. 이른 아침에 전화를 걸게 되어 상대방에게 양해를 구할 때

朝早く、すみません。
이른 아침에 죄송합니다.

朝の忙しい時間に、すみません。
바쁜 아침 시간에 죄송합니다.

こんな時間に、すみません。
이런 시간에 죄송합니다.

 3. 식사 시간에 전화를 걸게 되어 상대방에게 양해를 구할 때

食事中(しょくじちゅう)に、すみません。
식사 중에 죄송합니다.

제9과 電話 | 전화

4. 바쁜 시간에 전화를 걸게 되어 상대방에게 양해를 구할 때

お忙しい ところ、すみません。
바쁘신 중에 죄송합니다.

5. 휴일에 전화를 걸게 되어 상대방에게 양해를 구할 때

お休みの ところ、すみません。
쉬시는데 죄송합니다.

6. 실수로 전화를 잘못 걸어 상대방에게 사과 할 때

すみません、番号(ばんごう)を まちがえました。
죄송합니다. 번호를 잘못 눌렀어요.

7. 상대방이 전화를 잘못 걸었을 때

A : 木村さんですか？
　　기무라씨입니까?

B : いえ、違いますけど。
　　아니오, 기무라 아닙니다.

　　いえ、何番(なんばん)に おかけですか。
　　아니오, 몇 번으로 거셨어요?

　　いえ、どちらに おかけですか。
　　아니오, 어디로 거셨나요?

회화연습

윗사람에게 전화를 걸었습니다. 지금 전화할 시간이 있는지를 물어보세요.
뭐라고 말하면 됩니까?

今、お時間よろしいですか。
지금 시간 괜찮으세요?

시츄에이션 일본어 회화

연습문제

아래 회화 다음에 오는 말 중 부적절한 것을 3개 중에 하나 고르시오.

❶ 昨日は電話、出られなくて すみませんでした。

① 寝てたなら、しょうがないですよ。
② はい、大丈夫です。
③ いえ、こちらこそ 夜分 遅くに すみませんでした。

❷ (전화를 끊을 때) では、しつれいします。

① はい、また。
② じゃ、また。
③ はい、さようなら。

❸ (기무라 씨에게 전화를 걸었을 때)
はい、木村ですが。

① どちらに おかけですか。
② 田中です。朝早く、すみません。
③ 田中ですが、今 お電話、よろしいでしょうか。

제9과　電話 | 전화

회화에 나오는 단어

あ行

集(あつ)まり ･･･ 모임

か行

けいたい(ケータイ) ･･･ 휴대전화

さ行

知(し)り合(あ)い ･･･ 아는 사람

た行

地下鉄(ちかてつ) ･･ 지하철

つごうが悪い ･･･ 상황이 좋지 않다

電波(でんぱ) ･･ 전파

電源(でんげん) ･･ 전원

届(とど)く ･･ 닿다

や行

用件(ようけん) ･･ 용건

쉬어가기

ほうげん

関西(かんさい)では「よくない、だめ」('좋지 않다, 안 된다')를「あかん」이라고 합니다.

ともちゃん もしもし。
여보세요.

ゆうくん 今、えーか？あかんかったら、かけなおすし。
지금 괜찮아? 안되면 다시 걸게. (표준어 : 今、いい？だめだったら、かけなおすし。)

ともちゃん だいじょうぶだよ。
괜찮아.

ことわざ

일본의 속담(ことわざ)과 관용구(慣用句, かんようく)가 회화에서 어떻게 쓰일까요? 9과에서는「焼(や)け石(いし)に 水(みず)(언 발에 오줌 누기)」입니다.

嫁(よめ) ちょっと 名案(めいあん)が あったわ。
좋은 생각이 있어.

息子 何？
뭐?

嫁 銭湯(せんとう)の 営業時間前(えいぎょうじかん まえ)に この場所を 近所(きんじょ)の 人に 貸(か)すのよ。
목욕탕 영업시간 전에 이 장소를 이웃사람한테 빌려 주는 거야.

父 うん。
응.

嫁 コーラスやったり 寄(よ)せ 開(ひら)いたり、そういうこと やってる 銭湯が あるんだって。
코러스나 콘서트를 여는 목욕탕이 있대.

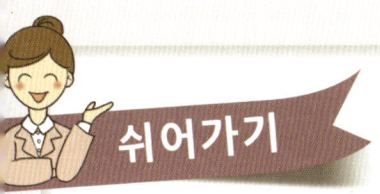

父   それ いいかもね。
그거 좋겠네.

嫁   でしょう？少し 使用料(しようりょう)を もらえば 収入(しゅうにゅう)に なるし、それに そういうことで 来てくれた人が 今度は 銭湯のお客さんとして 来てくれる かもしれないじゃない。
그지? 대여료를 받으면 수입이 될 거고 게다가 와준 사람들이 목욕탕 손님이 되어 줄지도 모르잖아.

父   さなえさん、グッド アイデア。
사나에, 굿 아이디어.

嫁   グッドでしょう？
좋지?

父   グッド。
굿.

嫁   あれ？何よ、乗(の)り気(き)じゃないの？
응? 왜 그래. 반응이 시원찮네?

息子   いや、そうやったって 結局(けっきょく)は 経済的(けいざいてき)には「焼(や)け石(いし)に水(みず)」なんじゃないのかなあ、なんて思って。
아니, 그래 봤자 결국 경제적으로는 '언 발에 오줌 누기'가 아닌가 싶어서.

「귀가일기 2」 5회 07:18~07:59

MEMO

제10과

恋愛話(れんあいばなし)
연애담

학습내용
シチュエーション 1 恋愛話(れんあいばなし) | 연애담
シチュエーション 2 ほめられる | 칭찬을 받을 때
シチュエーション 3 人のタイプ | 개인의 취향

학습목표
- 연애나 취향에 관한 단어나 어휘, 회화표현을 배운다.
- 일본사회에서의 'ほめ(칭찬)'에 관한 상식을 배우고 사람을 칭찬할 때의 표현과 칭찬을 받을 때 답하는 표현을 중심으로 상대와 상황에 맞게 표현을 알맞게 사용할 수 있도록 한다.

시츄에이션 일본어 회화

シチュエーション 1　　**恋愛話(れんあいばなし)** | 연애담

- A 彼氏(かれし)は、元気(げんき)？
  남자친구는 잘 지내?

- B さあ、どうかなあ。
  글쎄, 잘 지내려나?

- A え？会ってないの？
  응? 요즘 안 만나?

- B 実(じつ)は、別(わか)れたの。彼に ふられちゃった。
  사실은 헤어졌어. 차였어.

- A えっ、本当(ほんとう)に?! 知(し)らなかった。
  정말? 몰랐어.

- B うん。
  응.

- A そっかー。でも また すぐ 新(あたら)しい 人、見(み)つかるよ。
  그렇구나. 그래도 금방 새로운 사람 만날 수 있을 거야.

- B 私、もてないから すぐに 誰(だれ)かと 付(つ)き合(あ)うことなんて できないよ。
  나 인기가 없어서 바로 다른 사람은 못 만날 거야.

제10과　恋愛話 | 연애담

다음은 여자가 여자 동료에게 연애에 대해서 물어 보는 장면입니다.

 恋愛話 | 연애담

「굿잡」 4회 08:26~08:52

女1 でも、こくぼさんって もてそうなのに、どうして そんなに、その 恋愛に 積極的(せっきょくてき)なの？
그래도 고쿠보 씨 인기 많을 것 같은데 왜 그렇게 연애에 적극적이에요?

女2 え？私ですか？もてないんですよね、それが。
付き合う男に　すぐ結婚　迫っちゃって。すぐ 引かれちゃって、すぐ ふられちゃうんですよね、これが。
저요? 저 사실은 인기 없어요.
남자를 사귀면 바로 결혼하자고 해서요. 남자가 부담을 느껴서 바로 차이거든요.

女1 あら、そう。
아, 그래요?

女2 でも 絶対、恋愛結婚(れんあいけっこん) したいんです。
그래도 꼭 연애결혼 하고 싶어요.

 別(わか)れる | 헤어지다

「프리터 집을 사다」 5회 16:29~41

男 え？会ってないの？
뭐라고? 안 만났어?

女 うん。
응.

男 あれから 一回も？
그 이후에 단 한 번도?

女 メールしても 返信(へんしん)が ない。
문자를 보내도 답이 없어.

男 電話は？
전화는?

女 出てくれない。
전화도 안 받아.

249

 시츄에이션 일본어 회화

다음은 커플이 헤어졌다고 제3자들이 대화하는 장면입니다,.

 別(わか)れる | 헤어지다

「행복해지자」 10화 20 : 22~

男 別れた？はるなと たかくらさんが？
헤어졌어? 하루나랑 다카쿠라 씨랑?

女 え？やしろさん、知らなかったんですか？
네? 야시로 씨, 몰랐어요?

다음은 딸에게 남자와 헤어졌는지 물어보는 장면입니다.

 別(わか)れる | 헤어지다

「행복해지자」 10화 17 : 01~

母 入るわよ。あいかわらず きれいに かたづけてるわね。
들어갈게. 역시나 깨끗하게 정리되어 있네.

娘 今から そっち行くから。
지금 그쪽으로 갈게.

母 うん。
응.

娘 何？
왜?

母 あんたが なんだか うかない 顔してるから。もしかして、例(れい)の 彼と 何か あった？
네가 왠지 시무룩한 얼굴을 하고 있으니까. 혹시 그 남자친구랑 뭔 일이 있었어?

娘 別れた。ふられたの。
헤어졌어. 차였어.

母 そう。
그래?

娘 パパには 言わないでね。
아빠한테는 말하지 마.

제10과 恋愛話 | 연애담

シチュエーション 2　人のタイプ | 개인의 취향

회화 2

A　好きな食べ物は何ですか。
　　좋아하는 음식은 뭐예요?

B　ぼくは和食(わしょく)が好きですね。うす味(あじ)で、そぼくな料理(りょうり)が好きなんですよ。
　　저는 일식을 좋아해요. 담백한 맛에 소박한 요리를 좋아하거든요.

A　そうですか。お料理もされるんですか。
　　그래요? 직접 요리도 하세요?

B　休日、たまにしますよ。すずきさんは、休日、何するんですか。
　　휴일에 가끔 해요. 스즈키 씨는 휴일에 무엇을 하나요?

A　そうですね。音楽をよく聞いています。音楽が好きなんですよ。
　　글쎄요. 음악을 자주 들어요. 음악을 좋아하거든요.

B　へえ。ふだん、どんな音楽を聞くんですか。
　　아~ 평소에 어떤 음악을 들으시나요?

A　ポップが多いですね。ストレス解消(かいしょう)にもなるし。
　　팝 음악을 좋아해요. 스트레스도 해소되고.

B　よくストレスがたまる方(ほう)ですか。
　　스트레스가 자주 쌓이는 편인가요?

251

시츄에이션 일본어 회화

A   そうですね。仕事が接待業(せったいぎょう)なので。
       그렇죠. 아무래도 사람을 많이 대하는 일이라.

회화 3   제3자의 이야기

A   田中さんってどんな人？
       다나카 씨는 어떤 사람이에요?

B   うーん、明るくて、けっこう まじめな人だよ。
       음~ 밝고 꽤 성실한 사람이에요.

A   へえ。年(とし)は？
       그렇구나. 나이는?

B   えーっと、私の一つ上。なんで、気になるの？
       나보다 1살 많아. 왜? 신경 쓰여?

A   うん、ちょっとね。
       응. 조금.

다음은 드라이브하면서 데이트 중인 남녀의 대화입니다.

ドライブ デート | 드라이브 데이트

「호타루의 빛」 6회 16:56~

女   てじまさんは、ふだん、どんな音楽 きくんですか？
       데지마 씨는 평소에 어떤 음악을 들으세요?

男   あまみやさんは 何をきくんですか？
       아마미야 씨는 뭘 들으세요?

女   え？（何にしよう。大人の女は。。。）
      ボサノバです。
       네? (뭐라고 하지. 어른스러운 여자들은……)
       보사노바 들어요.

男   ボサノバ？
       보사노바?

女 (まちがえた？わだいを変えよう。)血液型(けつえきがた)は 何型(なにがた)ですか？
(잘못 말했나? 화제를 바꾸자.) 혈액형은 뭐예요?

男 AB型です。
AB입니다.

女 好きな食べ物は 何ですか？
좋아하는 음식은 뭐예요?

男 好きな食べ物ですか？
좋아하는 음식이요?

다음은 남자가 여자 동료에게 어떤 타입인지 물어 보는 장면입니다.

 タイプ | 취향

「귀가일기」 8화 13:12 ~

女 コーヒー 飲みます？
커피 마실래요?

男 あ、いい。さとみちゃん、さとみちゃんは 結婚しても 仕事 つづける タイプ？
아, 괜찮아요. 사토미, 사토미는 결혼해서도 일을 계속하고 싶어?

女 うーん、多分 やめるでしょうね。やっぱり だんな様だけに つくしていきたいから。
음~ 아마 그만둘 것 같아. 아무래도 남편 내조에 전념하고 싶으니까요.

男 尽(つ)くしちゃうんだ。どんなふうに？
헌신하는 스타일이구나. 어떻게？

女 どんなふうって。だんな様の のぞむとおり。
어떻게라니. 남편이 바라는 대로.

(상상 속으로)

女 あなた、朝よ。
여보, 아침이에요.

시츄에이션 일본어 회화

男 オアシスだ。
　　오아시스다.

女 あなた、わすれものよ。
　　여보, 이거 잊으셨어요.

(다시 현실로)

과장 何やってんの？
　　뭐해?

男 いえ。
　　아닙니다.

다음은 여자가 어떤 남자 동료(くろき)에 대해서 여자 동료(うえはら)에게 물어보는 장면입니다.

タイプ | 취향

「굿잡」 2화 13:37~

女1 ねえねえ うえはらさん、彼、くろきさん だっけ？
　　저기저기, 우에하라 씨, 저 남자가 구로키 씨야?

女2 うん、そうですよ。
　　네. 맞아요.

女1 あの人 どんな人？いくつ？
　　저 사람 어떤 사람이야? 몇 살?

女2 うーん、まじめな人ですよ。うーん、年(とし)は 私の 二つ上？
　　음, 성실한 사람이에요. 나이는 저보다 2살 많아요.

女1 え？じゃあ、私の 二個下(にこした)なの？ざんねんだわ。
　　그래? 그럼 나보다 2살 어리네. 아쉽다.

제10과　**恋愛話** | 연애담

　다음은 길 가다가 말을 건 남자에 대해서 아내가 남편에게 설명하고 있는 장면입니다.

 **タイプ | 취향**

「귀가일기」 9회 6:15~6:37

아내　あ、そうそう。私、今日、駅前(えきまえ)でナンパされちゃった。
　　　아, 맞다 맞다. 나 오늘 역 앞에서 헌팅 당했어.

남편　え？どんな 男に？
　　　뭐? 어떤 남자한테?

아내　けっこう 若くて、かっこいい人。でも私、人妻(ひとづま)なのって言ったら、すごく残念(ざんねん)そうに去(さ)っていった。
　　　꽤 젊고 멋있는 사람. 그래도 나 유부녀라고 했더니 엄청 아쉬워하면서 갔어.

남편　良かったね。たまには そんなことが あっても いいんじゃない？
　　　다행이네. 가끔은 그런 일 있어도 좋겠네.

아내　たまには？そんなの しょっちゅうよ。お店で 働かないかって スカウトされたり。
　　　가끔? 그런 건 자주 있는 일이야. 가게에서 일하지 않겠냐고 스카우트 당하기도 하고.

남편　え、そうなの？
　　　그래?

아내　私も まだまだ 捨(す)てたもんじゃないのよ。
　　　나도 아직은 쓸만하다고.

남편　おみそれしました。
　　　몰라봤습니다.

＊「おみそれしました。」 겸양표현
　① 상대의 재능 등을 몰라 봐서 사과할 때.
　　예) これほどお詳(くわ)しいとは、おみそれしました。
　② 봐도 누군지 모르고 지나갔거나 누군지 생각이 안 날 때.
　　예) つい、おみそれしました。

시츄에이션 일본어 회화

シチュエーション 3　ほめられる | 칭찬을 받았을 때

회화 4　자신의 물건에 대해 칭찬을 받았을 때

피부가 정말 고우시네요.

A　そのスカート、すごくおしゃれですね。
　　그 치마, 상당히 멋지네요.

B　あ、そうですか？これ、デパートのセールのときに買ったんですよ。
　　아 그래요? 이거 백화점 세일할 때 샀어요.

A　すごくお似合(にあ)いですよ。
　　정말 잘 어울려요.

B　ありがとうございます。
　　감사합니다.

회화 5　외모에 대해 칭찬을 받았을 때

A　田中さんはスリムだし、いつもおしゃれですよね。
　　다나카 씨는 날씬하기도 하고 항상 세련됐어요.

제10과　恋愛話　|　연애담

B　そんなことないですよ。
　　아니에요.

A　肌(はだ)も つやつやしていて、うらやましいです。
　　피부도 윤이 나고 부러워요.

B　いえ、これはメイクでかくしてるんですよ。
　　すずきさんだって、背も高いし、美人じゃないですか。
　　아니요. 이건 화장으로 가린 거예요.
　　스즈키 씨도 키도 크고 미인이시잖아요.

실력에 대해 칭찬을 받았을 때

A　日本語お上手ですね。知らない漢字、ないんじゃないですか？
　　일본어 잘하시네요. 모르는 한자는 없는 거 아니에요?

B　たいしたことないですよ。
　　그렇게 잘하진 않아요.

A　日本人にまちがえられることないですか。
　　일본인이라는 소리 듣지 않으세요?

B　いや、それほどじゃないですよ。
　　아니요. 그 정도까지는 아닙니다.

윗사람에게 칭찬을 받았을 때

先生　キムくん、ずいぶん日本語が上手になったね。
　　　김군, 일본어가 꽤 많이 늘었네.

学生　ありがとうございます。先生のおかげです。
　　　감사합니다. 선생님 덕분이에요.

시츄에이션 일본어 회화

ポイント・チェック

シチュエーション 1　恋愛話(れんあいばなし) | 연애담

1 연애 관련 용어

- 彼氏(かれし)/彼女(かのじょ)　　　남자친구/여자친구
- 別(わか)れる　　　헤어지다
- ふられる　　　차이다
- 付き合う(つきあう)　　　사귀다
- もてる　　　인기가 있다
- 惹(ひ)かれる　　　끌리다

2
- えっ、本当に?!知らなかった。　　　어? 정말로? 몰랐어.
- そっかー。　　　그렇구나.

해설 처음 들어서 놀랐을 경우, 거리가 있는 관계이거나 격식 있는 자리에서는 「えっ、そうなんですか?! 앗, 그래요?」「知りませんでした。몰랐습니다.」등과 같이 반응 한다. 처음 듣고 그것을 받아들일 때는 「そうですか。그래요?」「そうなんですか。그렇군요.」등과 같이 말한다.

표현1 그 이야기를 그때까지 몰랐을 때(놀랐을 경우)
- 本当に?! （本当?!）　　　정말?
- うそ?! （うそでしょ?!）　　　거짓말! 거짓말이지?
- そうなの?!　　　그래?
- 知らなかった。　　　몰랐어.
- えっ、聞いてないよ。　　　뭐? 처음 듣는 얘기야.

제10과　恋愛話 | 연애담

표현2 그 이야기를 그때까지 몰랐을 때(받아들일 경우)
- そっかー。　　　　　　　　　　그래?
- へえ、そう。　　　　　　　　　그렇구나.
- そうなんだ。　　　　　　　　　그렇구나.
- そうなの？　　　　　　　　　　그래?

シチュエーション 2　　人のタイプ | 개인의 취향

3 よくストレスがたまる方ですか。　자주 스트레스가 쌓이는 편인가요?

표현3 성격이나 습관 등의 경향을 나타내는 표현

○○方(ほう)/タイプ
○○편/타입

예) よく食べる方ですか。　　　　　잘 먹는 편인가요?
예) 社交的(しゃこうてき)な方ですか。　사교적인 타입인가요?
예) 考えてからしゃべるタイプですか、しゃべってから考えるタイプですか。　생각하고 말하는 편인가요? 말하고 생각하는 편인가요?

シチュエーション 3　　ほめられる | 칭찬을 받았을 때

- 일본사회에서는 일반적으로 윗사람이 칭찬을 하거나(평가에 관련된 것도 포함해서) 身内(みうち、가족이나 친척)을 칭찬하는 경우는 없습니다.

4 자신의 물건에 대해 칭찬을 받았을 때
A：すごくお似合(にあ)いですよ。　정말 잘 어울려요.
B：ありがとうございます。　　　　감사합니다.

시츄에이션 일본어 회화

해설
- 친한 사이일 경우, 또는 상대방의 물건에 관한 것이라면 직접 칭찬할 수 있고, 그것을 인정할 수도 있습니다.
- 물건에 대해 칭찬을 받았을 때 인정하는 표현은 「そうですか？」'그래요?'「ありがとうございます~」'감사합니다'「よく言われるんですよ。」'자주 들어요.' 등이 있습니다.

5 외모에 대해 칭찬을 받았을 때

A：田中さんはスリムだし、いつもおしゃれですよね。　→칭찬한다(ほめる)
　　다나카 씨는 날씬하기도 하고 항상 세련됐어요.

B：そんなことないですよ。　→부정한다.
　　아니에요.

A：肌もつやつやしていて、うらやましいです。　→다시 칭찬한다.
　　피부도 윤이 나고 부러워요.

B：いえ、これはメイクで隠(かく)してるんですよ。　→다시 부정한다.
　　아니요. 이건 화장으로 가린 거예요.
　　すずきさんだって、背も高いし、美人(びじん)じゃないですか。→칭찬한다.
　　스즈키 씨도 키도 크고 미인이시잖아요.

A：そんなことないですよ。　→부정한다.
　　그렇지 않아요.

6 실력에 대한 칭찬을 들었을 때

A：日本語お上手ですね。知らない漢字、ないんじゃないですか？→칭찬하다.
　　일본어 잘하시네요. 모르는 한자는 없는 거 아니에요?

B：たいしたことないですよ。　→부정한다.
　　그렇게 잘하진 않아요.

A：日本人にまちがえられることないですか。　→칭찬한다.
　　일본인이라는 소리 듣지 않으세요?

B：いや、それほどじゃないですよ。　→부정한다.
　　아니요. 그 정도까지는 아닙니다.

제10과　恋愛話 | 연애담

해설
- 격식있는 자리에서는 칭찬을 받을 때 예를 들어 그 말이 맞다고 생각하더라도 그것을 완전히 긍정하지 말고, 일부 부정하거나. 부정적인 코멘트나 설명을 덧붙이는 것이 일반적입니다.
- 보통, '칭찬하다→칭찬을 전부 인정하지 않는다→다시 칭찬한다→다시 칭찬을 부정한다'와 같은 대화를 몇 번 반복함으로써 회화가 성립하고 원만한 인간관계를 구축됩니다.

표현 4 칭찬을 부정하는 표현

＜친한 사이＞

- いや。/いやいや。　　　　　　　　　　　　　아니야.
- そんなことないって。/そんなことないよ。　　그렇지 않아.
- それほどじゃないって。/それほどじゃないよ。　그 정도까지는 아니야.
- たいしたことないって。/たいしたことないよ。　별 거 아니야.
- そんなにできないって。/そんなにできないよ。　그렇게까지는 못해.
- 言うほどできないって。/ 言うほどできないよ。그 정도는 아니야.

＜격식 있는 자리나 거리가 있는 사이＞

- いえ。/いえいえ。　　　　　　　　　　　　　아닙니다.
- そんなことないですよ。　　　　　　　　　　그렇지 않습니다.
- それほどじゃないですよ。　　　　　　　　　그 정도는 아닙니다.
- たいしたことないですよ。　　　　　　　　　별거 아닙니다.
- そんなにできないですよ。　　　　　　　　　그렇게 잘하지는 못합니다.
- おっしゃってくださるほどできないですよ。　그 정도까지는 아닙니다.

7 윗사람에게 칭찬을 받았을 때

先生：キムくん、ずいぶん日本語が上手になったね。
　　　김군, 일본어가 꽤 많이 늘었네.
学生：ありがとうございます。先生のおかげです。
　　　감사합니다. 선생님 덕분이에요.

261

시츄에이션 일본어 회화

해설 상사나 선생님 등 평가를 하는 윗사람에게 긍정적인 평가를 받았을 때 솔직히 그것을 받아들이고 기쁜 마음이나 감사의 뜻을 표현해도 됩니다.

표현5 칭찬을 받았을 때 기뻐하는 표현

- ありがとうございます。　　　감사합니다.
- そう言っていただけると、うれしいです。
  　　　　　　　　　　　그렇게 말씀해주시니 기쁩니다.
- そう言っていただけると、はげみになります。
  　　　　　　　　　　　그렇게 말씀해주시니 힘이 됩니다.
- これからもがんばります。　앞으로도 열심히 하겠습니다.
- 先輩のおかげです。　　　선배님 덕분입니다.

これ、知ってる?

A：そのネクタイ、かっこいいですね。
　　그 넥타이, 멋지네요.
B：ありがとう。でも＿＿＿＿＿＿＿＿
　　고마워. 그래도

B에 들어가는 말로 다음은 뭐라고 할까요?

① 좀 평범하지 않아?
② 좀 화려하지 않아?

정답
ちょっと地味(じみ)じゃない?
ちょっと派手(はで)じゃない?

제10과　恋愛話 | 연애담

こんなとき、どう言う？

1. 상대방의 머리스타일이 바뀌었습니다. 칭찬해주고 싶네요.

❶ 우선 어떻게 말을 꺼내면 될까요?

　　あれ？髪型(かみがた)、変えた？
　　응? 머리 모양 바꾼 거야?

　　ヘアースタイル　変わったね。
　　머리스타일 바꿨네.

❷ 머리스타일을 칭찬하고 싶어요. 어떻게 말하면 될까요?

　　よく　にあってるよ。
　　잘 어울려요.

　　いい感じ。
　　느낌 좋네요.

2. 일본어를 잘한다는 칭찬을 받았습니다. 뭐라고 답하면 될까요?

　　いえいえ、たいしたことないですよ。
　　아니요. 그렇게 잘하진 않아요.

　　言うほどでもないですよ。
　　그 정도는 아닙니다.

　　そんなことないですよ。
　　그렇지도 않아요.

회화연습

윗사람에게 칭찬을 받았습니다. 뭐라고 말하면 됩니까?

　　ありがとうございます。そう言っていただけると、うれしいです。
　　　　감사합니다. 그렇게 말씀해주시니 기쁩니다.

263

시츄에이션 일본어 회화

연습문제

 아래 회화 다음에 오는 말 중 <u>부적절한</u> 것을 3개 중에 하나 <u>고르시오</u>.

1. 田中さん、就職(しゅうしょく)決まったんだって。

   ① え、うそ!?知らなかった。
   ② そっかー。
   ③ 本当だよ。

2. 田中さん、そのネクタイ、おしゃれですね。。

   ① そうですか？ありがとうございます。
   ② そうですね。おしゃれですよね。
   ③ そうかな。妻が買ってきたんですけど、ちょっと派手じゃないですか。

3. 상사 : 今日の発表、よかったよ。

   부하 : (　　　　　　　　　)

   ① そう言っていただけると、うれしいです。
   ② いやいや、それほどじゃないですよ。
   ③ そうですか。ありがとうございます。

회화에 나오는 단어

あ行

うす味(あじ) ························담백한 맛

か行

隠(かく)す ·························숨기다
彼氏/彼女 그, 남자친구/그녀, 여자친구
気(き)になる ······신경 쓰이다, 걱정되다
けっこう ················꽤, 제법, 상당히

さ行

ストレス解消(かいしょう) 스트레스 해소
スリム ························슬림, 날씬함
接待業(せったいぎょう)
  ························사람을 대하는 직업
そぼく ································소박

た行

付き合う ····················사귀다, 만나다
つやつや
  ········(피부가)반들반들함, 윤기가 나다

は行

惹かれる ······························끌리다
普段(ふだん) ·····················평소에
ふられる ······························차이다

ポップ ····························팝 음악

ま行

真面目(まじめ) ···········성실함, 진지함
見つかる ···········발견되다, 찾게 되다
メイク ································화장
もてる ···························인기가 많다

わ行

別れる ·······························헤어지다

쉬어가기

ほうげん

좋아하는 사람에게 「好(す)きだよ(좋아한다)」고 말할 때, 関西(かんさい)에서는 「好(す)きやねん」이라고 합니다.

ゆうくん じつは好きやねん。
실은 좋아해. (표준어:じつは、好きなんだ。)

ともちゃん 私も好きだよ。
나도 좋아해.

ゆうくん ほんまに。
진짜. (표준어:ほんとうに。)

ともちゃん うん。
응.

ことわざ

일본의 속담(ことわざ)과 관용구(慣用句, かんようく)가 회화에서 어떻게 쓰일까요? 10과에서는 「親(した)しき仲(なか)にも礼儀(れいぎ)あり(친한 사이라도 예의를 지켜야 한다.)」입니다.

夫 ひえ～。人の予定(よてい)、見るなよ。
남의 스케줄 보지 마.

妻 いいじゃない、別(べつ)に。夫婦(ふうふ)なんだから。
뭐 어때. 부부인데.

夫 「親(した)しき仲(なか)にも礼儀(れいぎ)あり」って言うだろ。
'친한 사이라도 예의를 지켜야 한다.'라는 말도 있잖아.

妻 はいはい。
네네.

夫 は～、危(あぶ)なかった。
큰일 날 뻔 했다.

「귀가일기2」 9회 04:29~04:53

제11과

仕事(しごと) | 일

학습내용
シチュエーション 1 仕事(しごと)を 探(さが)す | 일자리 찾을 때
シチュエーション 2 面接(めんせつ)を 受(う)ける | 면접을 볼 때
シチュエーション 3 仕事(しごと)を ひきつぐ | 일을 인수할 때

학습목표
- 일이나 직장을 찾을 때 자주 사용하는 어휘나 표현을 익힌다.

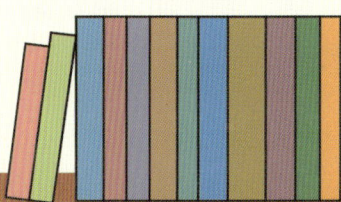

시츄에이션 일본어 회화

シチュエーション 1　仕事(しごと)を 探(さが)す | 일자리를 찾을 때

회화 1

A　何のバイトしてるの？
　　무슨 아르바이트해?

B　レストランのバイト。
　　레스토랑에서 아르바이트해.

A　へえ。何時から 何時まで？
　　그래? 몇 시부터 몇 시까지?

B　夕方(ゆうがた)の 4時から 夜10時まで。
　　저녁 4시부터 10시까지.

A　けっこう、きついんじゃないの？
　　꽤 힘들지 않아?

B　まあ、大変だけど、夕食(ゆうしょく)も 出るし、時給(じきゅう)も 悪くないしね。
　　힘들긴 한데 저녁도 나오고 시급도 나쁘지 않아서.

A　そうなんだ。交通費(こうつうひ)も 出るの？
　　그렇구나. 교통비도 나와?

B　ううん。交通費は 出ない。
　　아니, 교통비는 안 나와.

제11과 **仕事 | 일**

A 私もバイト 探(さが)してるんだけど、なかなか 見つからなくて。
나도 아르바이트 찾고 있는데 잘 안 구해져서.

A 就活(しゅうかつ)、はじめたんでしょ？どう？
취업활동 시작했지? 어때?

B それが なかなか 決まらなくってさ。このままだと、一生、フリーターだよ。
그게 잘 안되네. 이대로 가다간 평생 프리터로 살겠어.

A どんな 仕事を 探してるの。
어떤 일을 찾는데?

B パソコン関係の 仕事が できる会社で 働(はたら)けたら いいなって 思ってるんだけど。
컴퓨터 관련 회사에서 일할 수 있으면 하는데.

A そう。早く 決まると いいね。
그래. 빨리 정해지면 좋겠다.

다음은 이웃이 직장 구했냐고 묻는 장면입니다.

就職(しゅうしょく)が 決(き)まる | 취직이 되다

「프리터 집을 사다」 1회 22:40~23:11

お隣(となり)	せいじくん、おはよう。
	세이지, 좋은 아침.
せいじ	おはようございます。
	안녕하세요.
お隣	就職(しゅうしょく) 決まった？
	취업은 결정됐어?
せいじ	あ、いや、まだ。
	아니요. 아직.

시츄에이션 일본어 회화

お隣   そう、早く 決まると いいわね。
빨리 결정되면 좋겠네.

せいじ   じゃあ、いってきます。
그럼 다녀오겠습니다.

다음은 하고 싶은 일에 대해서 어머니과 대화하는 장면입니다.

 やりたい仕事(しごと) | 하고 싶은 일

「프리터 집을 사다」 7회 43:15~

息子   就職(しゅうしょく)なんだけどさ、いい人たちが いる 会社(かいしゃ)、見つけられると いいな、って思って。そんなの、会社に 入(はい)って みないと 分かんないことだけどさ。
취업 말인데, 좋은 사람들이 있는 회사에 취업하고 싶다는 생각을 했어. 그런 건 회사에 들어가 보지 않으면 모르는 일이긴 하지만.

母   見つけられると いいわね。
그런 곳에 취업하면 좋겠구나.

息子   うん。
응.

다음은 이웃과 직장에 대해서 대화하는 장면입니다.

 フリーター | 프리터

「프리터 집을 사다」 1회 14:05~15:08

お隣(となり)   せいじくん、こんにちは。
세이지, 안녕.

せいじ   あ、こんにちは。
안녕하세요.

お隣   今日、会社はお休み？
오늘 회사는 쉬는 날이야?

제11과　仕事 | 일

せいじ　あ、いや、、やめちゃったんっすよね。
아니요. 저기……그만뒀어요.

お隣　よつば電子(でんし)？あら、どうして？
요쓰바전자? 어머나, 왜?

せいじ　いや、まあ、いろいろ。
뭐 이래저래.

お隣　じゃあ、今、無職(むしょく)？
그럼 지금 무직?

せいじ　いや。でもバイトをやってるんで。
아니요. 그래도 아르바이트는 해요.

お隣　あ〜、フリーターってやつね。
아~ 프리터라는 거구나.

せいじ　いや、でも、普通(ふつう)に就職活動(しゅうしょくかつどう)、してるんで。なんつーんすか、就職、決まるまでのこづかいかせぎ、みたいな。
아니, 그래도 남들처럼 취업활동은 하고 있어요. 그냥 취직할 때까지 용돈벌이 할 겸.

お隣　うーん、早く　決まるといいわね。がんばって。
음, 빨리 정해지면 좋겠다. 힘내.

せいじ　はい。じゃ。
네. 그럼 이만.

시츄에이션 일본어 회화

シチュエーション 2　　面接(めんせつ)を受(う)ける | 면접을 볼 때

회화 3

学生(がくせい)	さきほど 電話させてもらった 田中と申しますが。 조금 전에 전화 드렸던 다나카라고 합니다.
事務員(じむいん)	アルバイトの 面接(めんせつ)の方(かた)ですね。 아르바이트 면접 보시는 분이시군요.
学生	はい。 네.
事務員	こちらへ どうぞ。 이쪽으로 오세요.
学生	しつれいします。 실례합니다.
事務員	店長(てんちょう)、アルバイトの 面接の方です。 점장님, 아르바이트 면접 보러 오신 분이에요.
店長(てんちょう)	アルバイトの 経験は ありますか。 아르바이트 경험은 있습니까?
学生	はい、1年間 コンビニで 働いていました。 네, 1년 동안 편의점에서 일했습니다.
店長	どうして そこを やめたんですか。 왜 그곳을 그만두었어요?
学生	家から 少し 遠くて、通勤(つうきん)するのに 大変だったからです。 집에서 조금 멀어서 통근하기가 힘들었거든요.
店長	そうですか。仕事は いつから 始められますか。 그래요? 일은 언제부터 시작할 수 있어요?
学生	明日から できます。 내일부터 가능합니다.

店長	じゃあ、よろしくお願いします。	
	그럼 잘 부탁해요.	
学生	はい。よろしくお願いします。	
	네. 잘 부탁드립니다.	
店長	給料(きゅうりょう)ですが、食事(しょくじ)つきで 月12万円です。何か質問、ありますか。	
	월급은 식사는 제공되고 12만 엔입니다. 질문 있나요?	
学生	あの、交通費(こうつうひ)は どうなりますか。	
	저기 교통비는 어떻게 되나요?	
店長	交通費は 500円まで 出ます。	
	교통비는 500엔까지 나옵니다.	

A 昨日、面接に行ってきたんだ。
어제 면접보고 왔어.

B そう。どうだった。
그래? 어땠어?

A うーん、まあまあかな。
음, 그냥 그랬어.

B いい結果(けっか)が 出ると いいね。
좋은 결과가 있으면 좋겠네.

A うん。
응.

 시츄에이션 일본어 회화

다음은 토목회사에 면접을 보러 간 장면입니다.

 面接(めんせつ)を受(う)ける | 면접을 보다

「프리타 집을 사다」 1회 43:51~45:12

男 あの。
저기.

事務 はい。
네.

男 さきほど 電話させてもらった 武(たけ)と申しますが。
아까 전화 드렸던 다케라고 합니다.

事務 アルバイトの 面接(めんせつ)の 方(かた)ですね。
아르바이트 면접 보시는 분이시군요.

男 はい。
네.

事務 こちらへどうぞ。
이쪽으로 오세요.

男 しつれいします。
실례합니다.

事務 社長(しゃちょう)。
사장님.

職長 社長って 言うなって 言ってるだろ。
사장님이라고 부르지 말라니까.

事務 アルバイトの 面接の 方です。
아르바이트 면접 보러 오신 분이에요.

職長 おお、職長(しょくちょう)の 大悦(おおえつ)です。
왔어요? 현장감독인 오에쓰입니다.

男 武です。よろしく お願いします。
다케입니다. 잘 부탁드립니다.

職長 で、いつから 仕事できんの？

274

제11과 **仕事** | 일

그래서 언제부터 일할 수 있어?

男 え？今日からでも、早ければ 早いほど。
네? 오늘부터라도. 빠르면 빠를수록 좋습니다.

職長 じゃあ、明日。朝 7時45分に ここに 来て。よろしくね。
그럼 내일. 아침 7시 45분까지 여기로 와. 부탁할게.

男 よろしく お願いします。
잘 부탁드립니다.

다음은 면접 보러 갔다 왔다고 하고 있는 장면입니다.

いい結果が出る | 좋은 결과가 나오다

「행복해지자」 10화 23:44～

男 どうかしましたか。
무슨 일 있어요?

女 いえ。
아니요.

男 そうですか。
그래요?

（省略）
（생략）

男 昨日、面接に行ってきました。
어제 면접보고 왔어요.

女 いい結果が出るといいですね。
좋은 결과가 있으면 좋겠네요.

시츄에이션 일본어 회화

シチュエーション 3　仕事(しごと)を ひきつぐ | 인수인계

회화 5

店長(てんちょう)　山田さん、こちら新しくレジを担当(たんとう)してもらう田中さん。不慣(ふな)れなところもある　　　　　と思うから、ひきつぎよろしくね。
야마다 씨, 이 분은 새롭게 계산원을 맡아주실 다나카 씨. 아직 익숙하지 않을 테니 잘 가르쳐줘.

せんぱい　はい。
네.

こうはい　はじめまして、田中です。よろしく おねがいします。
처음 뵙겠습니다. 다나카입니다. 잘 부탁드립니다.

せんぱい　こちらこそ。レジの 経験(けいけん)は？
저야말로. 계산원 해 본 경험은 있어요?

こうはい　学生のときに 3ヶ月ほど やってました。
학생 때 3개월 정도 했었어요.

せんぱい　そう。じゃあ、レジの 仕事は だいじょうぶ ですね。
그래? 그럼 괜찮겠다.

こうはい　はい。
네.

せんぱい　うちの 店長、何かと こまかいから、特(とく)に 時間は 厳守(げんしゅ)して ください。
우리 점장님, 여러 가지로 까다로우시니까 특히 시간은 잘 지켜주세요.

こうはい　はい。
네.

せんぱい　お昼休(ひるやす)みは 12時から 1時まで ですけど、5分前には 来るように してください。
점심은 12시부터 1시까지인데 5분 전까지는 와 주세요.

276

제11과 **仕事** | 일

| こうはい | はい、分かりました。
네, 알겠습니다. |
|---|---|
| せんぱい | 他(ほか)に 何か 分からないことが あったら、何でも 聞いてくださいね。
모르는 것 있으면 뭐든 물어보세요. |
| こうはい | はい、ありがとう ございます。
네, 감사합니다. |

다음은 신입사원에게 선배가 여러 가지 질문과 조언을 하는 장면입니다.

 新入社員(しんにゅうしゃいん) | 신입사원

「하나와가의 네자매」 18:01 ~ 18:53

| せんぱい | やまねさん でしたよね。
야마네 씨…였죠? |
|---|---|
| こうはい | うん。
어. |
| せんぱい | 受付(うけつけ)の 経験(けいけん)は？
접수처에서 일한 경험은 있어요? |
| こうはい | ないけど。
없는데? |
| せんぱい | そそう。わたし、あいもと みやです。分からないこと あったら、何でも 聞いてください。
그래요? 저 아이모토 미야라고 해요. 모르는 것 있으면 뭐든 물어보세요. |
| こうはい | ねえ、昼休(ひるやす)みって 何時から？
저기, 점심시간은 몇 시부터야? |
| せんぱい | 12時10分から 50分まで。
12시 10분부터 50분까지요. |
| こうはい | みじかっ。
짧다. |

277

せんぱい うちの店長、時間にも うるさい人だし、何かと こまかいとこ、あるから 気をつけてください。
우리 점장님, 시간 안 지키는 것도 싫어하고 여러 가지로 까다로우시니까 조심해 주세요.

こうはい ふーん。
그렇구나.

다음은 선배가 후배에게 후임자를 소개하는 장면입니다.

 **ひきつぎ | 인수인계**

「굿잡」2회 4:12~4:32

せんぱい くろきさん、すみません。
구로키 씨, 실례합니다.

男 あ、はい。
네.

せんぱい うえはらさんが しばらくは、おかじまさんの ひきつぎで あわただしくなるので、今日から 少しのあいだ、くろきさんの 担当(たんとう)は、この さいとうさんに なります。不慣(ふな)れなところも あるけど、お願いしますね。
우에하라 씨가 당분간은 오카지마 씨의 일을 이어받게 되어 바빠지기 때문에 오늘부터 당분간 구로키 씨의 담당은 저 사이토입니다. 아직 서툰 부분도 있지만 잘 부탁 드립니다.

こうはい よろしく お願いします。
잘 부탁 드립니다.

男 あ、はい。こちらこそ。
네, 저야말로 잘 부탁 드립니다.

제11과 **仕事** | 일

ポイント・チェック

シチュエーション 1　仕事(しごと)を探(さが)す | 일자리를 찾을 때

1　A：交通費(こうつうひ)も出るの？　　　교통비도 나와?
　　B：交通費は出ない。　　　　　　　　교통비는 안 나와.

> 해설 「交通費が もらえる」('교통비를 받을 수 있다')는 말은 「交通費が 出る」 ('교통비가 나온다')라고 합니다.
> 이 외에도「ボーナスが もらえる」('보너스를 받을 수 있다')를 「ボーナスが 出る」('보너스가 나온다')라고 합니다.

2　・どんな 仕事を 探してるの。
　　　무슨 일 찾아?
　　・私も バイト 探してるんだけど、なかなか 見つからなくて。
　　　저도 아르바이트를 찾고 있는데 좀처럼 구하기가 힘드네요.
　　・それが なかなか 決まらなくってさ。
　　　그게 잘 정해지지가 않네.
　　・早く 決まるといいね。
　　　빨리 결정되면 좋겠다.

> 해설　・일자리를 찾는 것을 「仕事が 見つかる」「仕事が 決まる」라고 합니다.
> 　　・「探す」와 「見つかる」는 혼동하기 쉽기 때문에 주의합시다.
> 　　・「일을 찾았다.」는 「仕事を 探した。」가 아니라 「仕事が 見つかった。」 또는 「仕事が 決まった。」라고 합니다.

시츄에이션 일본어 회화

3 就活(しゅうかつ)、はじめたんでしょ？　취업활동 시작했지?

> 해설
> - 일자리를 찾는 것을 「就職活動(しゅうしょくかつどう、취업활동)」이라고 하며 이것을 줄여서 「就活(しゅうかつ)」라고 합니다. 이 외에도 결혼상대를 찾는 것을 「婚活(こんかつ)」라고 말하기도 합니다.
> - 「취직하다」를 「就職(しゅうしょく)する」나 「職(しょく)に就(つ)く」라고 합니다.
>   예) 田中さん、就職してから生(い)き生(い)きしてるわね。
>   　　다나카 씨, 취업하고 나서 생기가 넘치네요.
>   예) 安定(あんてい)した職(しょく)につかないと、老後(ろうご)が不安(ふあん)よ。
>   　　안정된 직장을 구하지 않으면 노후가 불안해요.

4 このままだと、一生(いっしょう)、フリーターだよ。
　　　　　　　　　　　　　　이대로라면 평생 프리터야.

> 해설 「フリーター(프리터)」는 정해진 직장에 취업하지 못하고 アルバイト(아르바이트)를 하는 사람을 말합니다. 「フリー・アルバイター(프리 아르바이터)」를 줄인 말로 和製英語(わせい えいご、일본식 영어)입니다.

5 パソコン関係(かんけい)の　仕事(しごと)ができる　会社で　働(はたら)けたらいいなって　思ってるんだけど。
컴퓨터 관련 회사에서 일하고 싶은데요.

> 표현1 자신이 하고 싶은 일에 대해 말하는 표현
> 　　＜친한 사이＞
> 　　・~って思ってるんだけど。　　　　　~라고 생각하는데.
> 　　　예) 通訳(つうやく)の仕事をやってみたいって思ってるんだけど。
> 　　　　　통역 일을 해보고 싶은데.

제11과 仕事 | 일

- ～んだけど。　　　　　　　　　　　～한데
  예) 通訳(つうやく)の仕事をやってみたいんだけど。
  　　통역 일을 해보고 싶은데.
- ～なあ。　　　　　　　　　　　～하고 싶네.
  예) 通訳(つうやく)の仕事をやってみたいなあ。 통역일 해보고 싶다.

<격식 있는 표현>
- ～って思ってるんですけど。　　　　～라고 생각합니다만.
  예) 翻訳(ほんやく)の仕事をやってみたいって思ってるんですけど。
  　　번역 일을 해보고 싶다고 생각 합니다만.
- ～んですけど。　　　　　　　　　～라고 생각합니다만
  예) 翻訳(ほんやく)の仕事をやってみたいんですけど。
  　　번역 일을 하고 싶습니다만.
- ～です。　　　　　　　　　　　～입니다.
  예) 翻訳(ほんやく)の仕事をやってみたいです。
  　　번역 일을 해보고 싶습니다.

シチュエーション 2　面接を受ける | 면접을 볼 때

6 1年間コンビニで働(はたら)いていました。

　　　　　　　　　1년 동안 편의점에서 일했습니다.

해설
- 아르바이트의 경우 「～で働く」「～で仕事/アルバイトをする」라고 합니다.
  예) レストランで働いています。　레스토랑에서 일합니다.
  　　レストランで{仕事/アルバイト}をしています。
  　　레스토랑에서 {일/아르바이트}하고 있습니다.
  또는, 「～の仕事/アルバイトをする」(‘{~일/아르바이트}를 한다’)라고 합니다.

시츄에이션 일본어 회화

예) 引越(ひっこ)しの{仕事/アルバイト}をしています。
　　이삿짐 센터에서 일/아르바이트를 하고 있습니다.
예) スーパーで レジの{仕事/アルバイト}をしています。
　　슈퍼에서 계산원으로 일/아르바이트를 하고 있습니다.

표현2 「일하다」는 뜻의 일본어표현

- ～に勤(つと)める　　　　　　～에서 근무하다/일하다
  : 취업을 해서 풀타임으로 일을 하는 경우 「～に勤める」라는 표현을 씁니다. (＝～に勤務(きんむ)する)
  예) ○○会社に勤めています。 ○○에서 근무합니다.
  예) 出版社(しゅっぱんしゃ)に勤めています。
  　　　　　　　　　　　　　　출판사에서 일하고 있습니다.
  : 지리적인 장소를 들며 ×'新宿(しんじゅく)に勤める'라고는 하지 않습니다.

- ～で働(はたら)く　　　　　　～에서 일하다/근무하다
  : 풀타임, 아르바이트에 모두 쓸 수 있는 표현입니다. 또한, 지리적인 장소에도 쓸 수 있습니다.
  예) ○○会社で働いています。　○○회사에서 근무합니다.
  예) 新宿で働いています。　　　신주쿠에서 일합니다.

7 給料ですが、食事つきで月１２万円です。
월급은 식사 제공되고 12만 엔입니다.

해설
- 근무 시간에 식사가 제공된다는 것을 「食事が出ます」또는 「食事つきです」라고 합니다.
- 給料(きゅうりょう, 급료)와 관련해서는 「給料は1ヶ月１２万円です」('급료는 1달에 12만 엔입니다.'), 「給料は月(つき)１２万円です」('급료는 월12만 엔입니다.'),또는 「月給(げっきゅう)は {1ヶ月/月(つき)}１２万円です」('월급은 1달에/월 12만 엔입니다.')라고 합니다. 時給(じきゅう, 시급)의 경우에는 「時給(じきゅう)は８００円です。」('시급은 800엔입니다.')라고 표현합니다.

제11과 **仕事 | 일**

8 A：あの、交通費(こうつうひ)はどうなりますか。
　　 저기, 교통비는 어떻게 되나요?
　 B：交通費は500円まで出ます。
　　 교통비는 500엔까지 나옵니다.

> **해설** '교통비를 받을 수 있다'는 말은 「交通費が出る」('교통비가 나온다')라고 합니다. 교통비가 나오는지 물을 때는 「交通費は 出ますか。」('교통비는 나오나요?')「交通費は もらえますか。」('교통비 받을 수 있나요?')라고 하기보다는 「交通費は どうなりますか」'교통비는 어떻게 되나요?'라고 간접적으로 물으면 더 정중한 표현이 됩니다.

9 A：昨日、面接に行ってきたんだ。　　어제 면접보고 왔어.
　 B：いい結果が出るといいね　　　　좋은 결과가 있었으면 좋겠네.

> **해설**
> ・「面接試験(めんせつしけん、면접시험)」을 「面接(めんせつ、면접)」이라고 합니다. 영어로는 면접을 인터뷰라고도 하는데 일본어로 「インタビュー(인터뷰)」는 보도기자 등이 취재를 위해 사람을 만나서 이야기를 듣는 것을 말 합니다.
> ・「면접을 보다」는 「面接を受(う)ける」, 「면접을 보러 가다」는 「面接を受けに行く」또는 「面接に行く」라고도 합니다.
> ・면접이나 시험 등을 본 사람에게 말하는 응답표현으로 「いい結果が出るといいね」('좋은 결과가 있었으면 좋겠네요.'), 「受かるといいね」('붙으시길 바래요.') 또는 「きっと受かるよ」('분명히 붙을 거야.'), 「だいじょうぶだよ」('괜찮아.')라고들 합니다.

시츄에이션 일본어 회화

シチュエーション 3　職場(しょくば)の先輩(せんぱい)と後輩(こうはい) | 직장 선배와 후배

10 不慣れな ところも あると 思うから、引継ぎ よろしくね.
서툰 부분도 있을 테니 인수인계 잘 부탁해.

해설 • 익숙하지 않은 것을 「不慣(ふな)れ」라고 합니다.
예) まだまだ不慣(ふな)れな 点(てん)も 多いかと 思いますが、よろしく お願いします。
아직 서툰 점도 많지만 잘 부탁드립니다.
예) 海外(かいがい)など 不慣(ふな)れな 場所では 体調(たいちょう)を 気をつけましょう。
해외 등 낯선 장소에서 건강에 신경 씁시다.

• 일 등을 인계 받는 것을 「ひきつぎ(引継ぎ)」라고 합니다.
예) 普通(ふつう)、後任者(こうにんしゃ)に 仕事の ひきつぎを してから 退職(たいしょく)します。
일반적으로 후임자에게 일은 인수인계한 후 퇴직합니다.
예) 会社を 来月、やめるため、後任者(こうにんしゃ)に 業務(ぎょうむ)の ひきつぎを しています。
회사를 다음 달 그만두기 위해서 후임자에게 업무인계를 합니다.

11 うちの店長(てんちょう)、何かと 細(こま)かいから、特(とく)に時間は厳守(げんしゅ)してください。
우리 점장님, 여러 가지로 까다로우시니까 특히 시간을 잘 지켜주세요.

해설 • 「何かと」는 「何かにつけ(여러 가지 면에서)」, 「いろいろと(여러 가지로)」, 「あれこれ(이래저래)」라는 의미.
예) 知(し)っておくと 何かと 便利(べんり)な 情報(じょうほう)を 集(あつ)めました。
알아두면 이래저래 편리한 정보를 모았습니다.
예) 最近(さいきん)、何かと 話題(わだい)の 韓国ドラマですが、その

人気(にんき)の 秘密(ひみつ)は テーマ性(せい)らしい.
최근 여러 가지로 화제가 되고 있는 한국 드라마인데, 그 인기의 비결은 테마성이라고 합니다.

예) 最近(さいきん)、何かと 忙(いそが)しい.
최근 이래저래 바쁘네.

해설 「細(こま)かい」는 「ねぎを 細(こま)かく 切(き)る (파를 잘게 자르다)」와 같이 매우 작다는 의미인데 「細(こま)かい作業(さぎょう)」(세밀한 작업)과 같이 대상이 물건이 아닌 경우, 세세한 부분에까지 신경을 쓴다는 의미가 있습니다. 사람의 성격이나 행동에 대해 표현할 때는 사소한 일에 집착하는 것을 말합니다. 「細(こま)かい人」의 반대말은 「おおざっぱな人(대충대충하는 사람)」입니다.

これ、知ってる?

고용형태

① 正社員 - 정사원/정규직(正規社員). 고용기간이 정년까지이며 월급제.
② パート(タイマー) - 파트타이머. 정사원보다 노동시간이 짧은 사원. 고용기간은 계약에 의해 결정되며 시급제.
③ アルバイト - 아르바이트. 임시로 고용된 사원. 시급제. 일급제.
④ 嘱託社員(しょくたくしゃいん) - 위탁사원. 주로 정년퇴직자를 계속해서 다른 조건으로 고용하는 사원. 고용기간은 정해져 있고(주로 1년) 월급제.
⑤ 契約社員(けいやくしゃいん) - 계약사원. 고용기간이 정해져 있는(주로 1년 미만) 사원으로 월급제.
⑥ 派遣社員(はけんしゃいん) - 파견사원. 일이 있을 때마다 일하는 사원으로 다른 회사에 파견되는 사원. 고용기간이 정해져 있으며(주로 몇 개월) 시급제.

Tip : '契約社員(けいやくしゃいん、계약사원)','派遣社員(はけんしゃいん、파견사원)'이라는 말이 알려졌으며 급속도로 그 수가 늘어난 것은 平成(へいせい、1989~) 시대에 들어서이다.

시츄에이션 일본어 회화

 면접관이 당신에게 장단점에 대해 물었습니다.

① 면접관 : あなたの長所について話してください。
　　　　　당신의 장점에 대해서 말해주세요.

그렇다면 아래의 한국어는 일본어로 뭐라고 할까요?

① 긍정적이다
② 성실하다
③ 책임감이 있다
④ 친절하다, 배려심이 있다
⑤ 협동심이 강하다
⑥ 행동력, 판단력이 있다.
⑦ 서비스 정신이 뛰어나다

모범답안
① 肯定的(こうていてき)、ポジティブ
② 誠実(せいじつ)、真面目(まじめ)
③ 責任感(せきにんかん)が ある
④ 思(おも)いやりが ある
⑤ 協調性(きょうちょうせい)がある
⑥ 行動力(こうどうりょく)が ある、判断力(はんだんりょく)が ある
⑦ サービス精神(せいしん)に あふれている

제11과 仕事 | 일

❷ 면접관 あなたの短所について話してください。
　　　　　당신의 단점에 대해서 말해주세요

면접관에게 솔직하게 자신의 단점을 직설적으로 말할 필요는 없습니다. 다음의 특징을 긍정적인 표현으로 바꾼다면, 뭐라고 하면 될까요?

① 短気(たんき)です。
　성격이 급합니다.

② ルーズです。
　게으릅니다.

③ 面倒(めんどう)くさがりやです。
　귀찮은 것을 싫어합니다.

모범답안

① ときどき 気(き)が あせります。
　가끔 조바심을 냅니다.
② ゆったりした 性格(せいかく)です。/余裕(よゆう)の ある 性格です。
　/のんびりした 性格です。
　여유 있는 성격입니다.
③ 好きな ことなら 集中(しゅうちゅう)してやります。
　좋아하는 것이라면 집중해서 합니다.
　少し 楽天的(らくてんてき)な ところが あります。
　조금 낙천적인 부분이 있습니다.

 회화연습

번역 일을 하고 싶다고 말하려고 합니다. 어떻게 표현하면 될까요?

翻訳(ほんやく)の仕事をやってみたいと思ってるんですけど。
번역 일을 하고 싶은데요.

 시츄에이션 일본어 회화

 연습문제

 아래 회화에 다음에 오는 말 중 부적절한 것을 3개 중에 하나 고르시오.

❶ 就活(しゅうかつ)は、順調(じゅんちょう)に 行ってる？

① それがさあ、すぐに 仕事(しごと)、決まったんだよ。
② それがさあ、すぐに 仕事、見つかったんだよ。
③ それがさあ、すぐに 仕事、探したんだよ。

❷ どんな お仕事を してるんですか。

① 翻訳(ほんやく)の仕事が できたらなって 思ってるんだけど。
② 通訳(つうやく)の 仕事をしています。
③ スーパーの レジです。

❸ 力仕事(ちからしごと)は はじめてですか。

① いえ。以前(いぜん)、引越(ひっこ)しの アルバイトを していました。
② はい。新宿(しんじゅく)で 働(はたら)いています。
③ はい。はじめてです。

제11과 **仕事** | 일

회화에 나오는 단어

あ行

一生(いっしょう) ·· 평생

か行

きつい ·· 힘든
厳守(げんしゅ) ·· 엄수, 잘 지키다
細(こま)かい
··· 까다롭다, 세세하다, 세심하다
コンビニ ·· 편의점

さ行

先(さき)ほど ····································· 아까, 조금 전
時給(じきゅう) ····································· 시급
就活(しゅうかつ)就職活動の略 ····································· 취업활동
食事(しょくじ)つき ····································· 식사포함

た行

通勤(つうきん) ·· 통근

は行

バイト ·· 아르바이트
引継(ひきつ)ぎ ·· 인수인계, 이어받음
不慣(ふな)れ ·· 익숙하지 않음, 서툴다
フリーター ·· 프리터

ま行

まあまあ ·· 그저 그런 정도임
面接(めんせつ) ·· 면접

ら行

レジ ·· 캐셔, 계산원

ほうげん

"왜 그래?" "뭐 때문에?"는 표준어로는 "どうして？" "なんで？"등으로 표현하지만, 関西(かんさい)에서는 "なんでやねん"이라고 합니다.

ともちゃん　私、明日から どかたする ことに 決めた！
　　　　　　　나 내일부터 공사일하기로 결정했어!

ゆうくん　なんでやねん。
　　　　　　왜 그래? (표준어:なんで？)

ともちゃん　たくましい 女に なるの。
　　　　　　　튼튼한 여자가 될래.

ゆうくん　やめとき。
　　　　　　그만 둬. (표준어：やめときな。/やめといたら。)

쉬어가기

ことわざ

일본의 속담(ことわざ)과 관용구(慣用句, かんようく)가 회화에서 어떻게 쓰일까요?
11과에서는 「後悔(こうかい)、先(さき)に たたず(나중에 후회해도 소용없다.)」입니다.

職員(しょくいん) 今となっては よつば電子(でんし)を 入社(にゅうしゃ) 三ヶ月で やめてしまったこと、ほんと、くやまれますね。それにしても 土木(どぼく)の 仕事の 方(ほう)が 長く つづく だなんて、ふしぎで しかたありませんよ。いくら 時給(じきゅう)が 高いとは いえね。
지금 와서 요쓰바전자를 입사 3개월 만에 그만둔 게 정말 후회되겠네요. 그래도 공사장 일을 더 오래 하다니 아무리 생각해도 이해가 안 되네요. 시급이 높다고 해도 그렇죠.

職員 まあ、「後悔(こうかい)、先(さき)に たたず」ですから、今さら 何を 言っても 始まりませんけどね。後悔(こうかい)ってのは、時(とき)と ともに うすれて いくもんなんでしょうが、たけさんの 場合(ばあい)は、どんどん 大きくなってるんじゃ ないですか？
まさか これだけ 受けても 再就職(さいしゅうしょく)さきが 決まらないなんて、思ってもみなかったんじゃ ないですか？
え？たけさん？
'나중에 후회해도 소용없다'는 말처럼 지금 와서 후회해도 달라지는 건 없지만요. 후회라는 건 시간이 지나면 없어지는 거지만 다케 씨의 경우에는 점점 더 커지지 않아요? 이렇게 지원을 많이 하는데 재취업을 못 할 거라고는 생각도 못했죠?
다케 씨?

たけ 後悔なんて してません。
후회 같은 거 안 해요.

職員 え？
네?

たけ してません。
안 합니다.

職員 え？たけさん？
네? 다케 씨?

「프리터 집을 사다」7회 30:00~31:05

MEMO

연습문제 해답

시츄에이션 일본어 회화

제1과 出会い(であい)

정답 1. c 2. a 3. b

1~3에 들어가는 회화문을 □ 안에서 골라서 회화를 완성시켜 봅시다.

1. A : (　　　1　　　)。
   B : 서울입니다.

2. A : (　　　2　　　)。
   B : 토쿄 역 바로 근처입니다.

3. A : (　　　3　　　)。
   B : 벌써 3년이 됩니다.

```
a. 자택은 어디세요?
b. 여기는 오래 되셨어요?
c. 출신은 어디세요?
```

제2과 食事(しょくじ)

정답 1. ① 2. ③ 3. ②

아래 회화 다음에 오는 말 중 부적절한 것을 3개 중에 하나 고르시오.

1. 아~ 배고프다. 뭐 먹을래?

   ① 네, 잘 먹겠습니다.
   ② 돼지고기 생각구이는 어때?
   ③ 아무거나 상관없어.

2. 술 한 잔 하러 가지 않을래요? 제가 낼게요.

   ① 아~ 좋네요.
   ② 말씀은 감사한데 집에 가봐야 해서요.
   ③ 차 한 잔 줘.

3. 도시락 싸왔으니까 같이 먹자.

   ① 와~ 고마워. 오늘은 뭐야? 기대된다.
   ② 배고프지 않아?
   ③ 미안.

제3과 外食(がいしょく)

정답 1.② 2.③ 3.①

아래 회화 다음에 오는 말 중 부적절한 것을 3개 중에 하나 고르시오.

1. 정하셨나요?

    ① 난 이 850엔의 런치로.(하겠어.)
    ② 네, 알겠습니다.
    ③ 마도카는 딸기 케이크.

2. 어제 저녁에는 잘 먹었습니다.

    ① 아니에요, 같이 가자고 한 사람은 나니까요.
    ② 아니에요, 다음에 또 먹으러 갑시다.
    ③ 네, 고마워요.

3. 내가 살게.

    ① 네, 부탁합니다.
    ② 죄송합니다. 잘 먹었습니다.
    ③ 감사합니다. 잘 먹었습니다.

제4과 待ち合わせ(まちあわせ)

정답 1.③ 2.① 3.③

아래 회화 다음에 오는 말 중 부적절한 것을 3개 중에 하나 고르시오.

1. (약속 장소에서)죄송합니다. 기다리게 해서.

    ① 저야 말로 갑자기 불러내서 죄송해요.
    ② 아니에요, 전혀.
    ③ 네, 기다리셨습니다.

2. 죄송한데요, 오늘 할 일이 생겨서요.

    ① 알겠습니다. 정말 죄송합니다.
    ② 그러시나요. 아쉽네요.
    ③ 그러세요. 그럼 다음에 합시다.

3. 죄송합니다. 바쁘신데 불러내서.

    ① 아니요. 그래서 하시는 말씀이 뭔가요?
    ② 저야 말로 늦어서 죄송합니다.
    ③ 할 말이 있어서요.

제5과 買い物(かいもの)

정답 1.① 2.③ 3.③

아래 회화 다음에 오는 말 중 부적절한 것을 3개 중에 하나 고르시오.

1. 점원 : 찾으시는 거 있으세요?
   손님 : 네, 치마인데요.
   점원 : (1   )

   ① 주문하시겠어요?
   ② 이건 어떠신가요?
   ③ 치마는 저기에 있습니다.

2. A : 어느 코트가 더 나아?
   B : (2   )

   ① 글세. 빨간 색이 더 잘 어울리는데, 빨간 걸로 하지?
   ② 음,, 양쪽 다 저렴하기도 하니까 둘 다 사 놓지?
   ③ 그러면 주문하지?

해설 : ③ "取(と)り寄(よ)せ"는 「注文(ちゅうもん), 주문」의 뜻.

3. 점원 : 선물이시라면 이건 어떠세요?
   손님 : (3   )

   ① 디자인는 좋은데요, 색이 좀.
   ② 괜찮네요. 포장해 주실 수 있나요?
   ③ 좀 그래. 그냥 그런 것 같아.

해설 : ③ "いまいちぱっとしないんだよね"는 친한 사이에서 하는 말이다. 점원한테 하는 말로는 적당하지 않다.

제6과 家庭生活(かていせいかつ)

정답 1.① 2.③ 3.①

아래 회화 다음에 오는 말 중 부적절한 것을 3개 중에 하나 고르시오.

1. A : (   )
   B : 어, 미안。

   ① (×)외출하면 방 불은 꺼 달라고 했잖아.
   ② 외출할 때는 방 불을 꺼 달라고 했잖아.
   ③ 외출할 때는 방 불을 꺼 달라고 하잖아.

해설 : ① 은 부자연스러운 일본어이다. ② 言ったでしょ。는 과거에 한번 말했다는 뜻이고, ③ 言ってるでしょ。는 항상 말하고 있다는 뜻이다.

연습문제 해답

2. A : 가위 어디에 있는지 몰라?
   B : (   )

   ① 모르겠는데.
   ② 서랍에 있을 텐데.
   ③ 책상 위에 있다니.

해설 : ① 이 때 모른다고 할 때는 × 「分からない」가 아니고 「知らない」라고 한다.

2. 아래 회화 다음에 오는 말 중 적절한 것을 3개 중에 하나 고르시오.
   A : 어서 들어오세요.
   B : (   )

   ① 실례합니다.
   ② 실례했습니다.
   ③ 실례하고 있습니다.

해설 : 「あがる」는 집에 들어간다는 뜻도 있다. 「あがってください。」는 들어오세요, 라는 뜻이 된다.

제7과 病気(びょうき)

정답 1.③ 2.② 3.①

아래 회화 다음에 오는 말 중 <u>부적절한 것</u>을 3개 중에 하나 고르시오.

1. 몸 좀 어때?
   ① 꽤 좋아졌어.
   ② 아직 좀.
   ③ 피곤해.

해설 : 体のぐあいは、どう？는 상대방이 몸이 안 좋다는 걸 알고 물어보는 거기 때문에 つかれた。라고 대답하는 것은 안 맞다.

2. 피곤해 보여.
   ① 요즘 일이 바빠서.
   ② 푹 쉬어요.
   ③ 밤에 잠을 못 자서.

3. 의사 : 어디가 안 좋으세요?
   환자 : (   )
   ① 안색이 안 좋아요.
   ② 팔이 아파요.
   ③ 기침이 납니다.

해설 : 顔色(かおいろ)が悪いんです。는 자신에 하는 말로서는 적당하지 않다.

297

시츄에이션 일본어 회화

제8과 遊びに行く(あそびにいく)　　　정답　1.② 2.③ 3.③

아래 회화 다음에 오는 말 중 <u>부적절한 것</u>을 3개 중에 하나 고르시오.

1. 혹시 관심이 있으면 같이 안 갈래?

   ① 가고 싶긴 한데. 그 날은 좀. 나중에 또 불러 주세요.
   ② 좋네요. 어떠셨어요?
   ③ 와, 기뻐요. 가고 싶어요.

2. 다나카 씨, 北海道(ほっかいどう)에 가 본 적이 있어요?

   ① 아니요, 가 보고는 싶은데요.
   ② 네, 작년에 처음으로 갔습니다.
   ③ 네, 첫 일본여행이라서 기대가 되요.

3. 여름 방학 때 중국에 다녀왔어요. 이건 선물이에요.

   ① 감사합니다. 즐거우셨어요?
   ② 감사합니다. 중국은 어떠셨어요?
   ③ 감사합니다. 기대가 되요.

제9과 電話(でんわ)　　　정답　1.② 2.③ 3.①

아래 회화 다음에 오는 말 중 <u>부적절한 것</u>을 3개 중에 하나 고르시오.

1. 어제는 전화 못 받아서 죄송했습니다.

   ① 자고 있었다면 어쩔 수 없지요.
   ② 네, 괜찮습니다.
   ③ 아니요, 저야말로 밤 늦게 죄송했습니다.

2. (전화를 끊을 때)그럼 실례합니다.

   ① 네, 또.
   ② 그럼, 또.
   ③ 네, 안녕히 계세요.

3. (기무라 씨에게 전화를 걸었을 때)
   네, 기무라입니다만.

   ① 어디로 거셨나요?
   ② 다나카입니다. 아침 일찍 죄송합니다.
   ③ 다나카입니다만, 지금 통화 괜찮으세요?

298

제10과 恋愛話(れんあいばなし)

정답 1.③ 2.② 3.②

아래 회화 다음에 오는 말 중 <u>부적절한 것</u>을 3개 중에 하나 고르시오.

1. 다나카 씨, 취직 됐대.

   ① 어, 진짜? 몰랐어.
   ② 그렇구나.
   ③ 정말이야.

2. 다나카 씨, 그 넥타이 멋지시네요.

   ① 그런가요? 감사합니다.
   ② 그러네요. 멋지세요.
   ③ 그런가요? 아내가 사 왔는데 좀 화려하지 않나요?

3. 상사 : 오늘 발표, 좋았어.
   부하 : (   )

   ① 그렇게 말씀해 주시면 기쁩니다.
   ② 아니아니, 그렇지도 않지요.
   ③ 그렇습니까? 감사합니다.

제11과 仕事(しごと) | 일

정답 1.③ 2.① 3.②

아래 회화 다음에 오는 말 중 <u>부적절한 것</u>을 3개 중에 하나 고르시오.

1. 취업활동은 잘 돼가?

   ① 그게 말이지, 바로 취업이 됐어.
   ② 바로 일자리를 구했어.
   ③ 바로 일 찾았어.(x)

   해설 : 일자리를 찾는 것을 「仕事が見つかる」「仕事が決まる」라고 한다.
   　　　「探す」와「見つかる」는 혼동하기 쉽기 때문에 주의.
   　　　「일을 찾았다.」는「仕事を探した。」가 아니라「仕事が見つかった。」또는「仕事が決まった。」라고 한다.

2. 어떤 일을 하세요?

   ① 번역 일을 하고 싶은데요.
   ② 통역 일을 하고 있습니다.
   ③ 슈퍼 계산원입니다.

시츄에이션 일본어 회화

3. 힘쓰는 일은 처음인가요?

① 아니요. 예전에 이삿짐센터에서 아르바이트 했었어요.
② 네. 신주쿠에서 일합니다.
③ 네, 처음입니다.

출처 드라마

- 『鬼嫁日記(귀가일기)』(2005)
  공식 사이트 http://www.fujitv.co.jp/b_hp/oni/index.html

- 『鬼嫁日記－いい湯だなー(귀가일기2)』(2007)
  공식 사이트 http://www.fujitv.co.jp/b_hp/oni2/index.html

- 『Good Job～グッジョブ(굿잡)』(2007)　NHK드라마

- 『幸せになろうよ(행복해지자)』(2011)
  공식 사이트 http://www.fujitv.co.jp/shiawase/index.html

- 『フリーター、家を買う。(프리터 집을 사다)』(2010)
  공식 사이트http://www.fujitv.co.jp/ie-wo-kau/index.html

- 『ホタルのヒカリ1(호타루의 빛1)』(2007)
  공식 사이트http://www.ntv.co.jp/himono/

- 『ホタルノヒカリ2(호타루의 빛2)』(2010)
  공식 사이트http://www.ntv.co.jp/himono2/

- 『オー！マイ・ガール(오마이걸)』(2008)
  공식 사이트 http://www.ntv.co.jp/ohmygirl/

- 『華和家の四姉妹(하나와가의 네자매)』(2011)
  공식 사이트http://www.tbs.co.jp/hanawake/

하치노 토모카 (八野 友香)

- 언어학박사(일본어)
- (현)사이버한국외국어대학교 일본어학부 조교수
- 대한민국 정부초청 외국인 장학생 국무총리상 수상

시츄에이션 일본어 회화

초판 1쇄 인쇄　2012년 2월 10일
초판 1쇄 발행　2012년 2월 28일

저　　자　하치노 토모카
발 행 인　윤 석 현
발 행 처　제이앤씨
책임편집　최인노
등록번호　제7-220호

우편주소　㈜ 132-702 서울시 도봉구 창동 624-1
　　　　　　북한산 현대홈시티 102-1206
대표전화　02) 992 / 3253
전　　송　02) 991 / 1285
홈페이지　http://www.jncbms.co.kr
전자우편　jncbook@hanmail.net

ⓒ 하치노 토모카 2012 All rights reserved. Printed in KOREA

ISBN 978-89-5668-891-6　13730　　정가 19,000원

* 이 책의 내용을 사전 허가 없이 전재하거나 복제할 경우
　법적인 제재를 받게 됨을 알려드립니다.
** 잘못된 책은 구입하신 서점이나 본사에서 교환해 드립니다.